ふたたびの〈戦前〉

軍隊体験者の反省とこれから

石田雄

青灯社

ふたたびの〈戦前〉——軍隊体験者の反省とこれから

装丁　眞島和馬

目次

第三章　軍国青年の誕生と軍隊体験　71

第四章　戦後の「短い春」から集団的自衛権容認まで　99
——戦後研究者としての反省

普通の生活者として政治とどう向き合うか

はじめに

「あぶない！　これではまた〈戦前〉になってしまうのではないか」

こうした危機感がこの数年の間に、だんだん強くなってきました。第一次安倍内閣で教育基本法が改正され、愛国心教育が始められると聞き、八〇年以上前、私が小学生だった時に受けた「忠君愛国」の教育が思い出されました。その後、第二次安倍内閣で特定秘密保護法が制定されると、今度は一九二五年に治安維持法ができてから、言論思想の自由が奪われていった過程を考えないわけにはいきません。そして、二〇一四年七月に集団的自衛権容認の閣議決定という形で、解釈改憲により海外での武力行使を認める方向が打ち出されたことで、私の危機感は頂点に達しました。

一九三一年、南満州鉄道の線路を関東軍が爆破し、これを中国兵がやったものだとでっち上げて、日本軍は中国で宣戦布告なき戦争を始めました。しだいに戦火は中国全土に広がり、やがて、後に一五年戦争ともいわれる長い戦争に突入しました。そして、最後には石油の輸出を禁止されたことに対し、真珠湾を攻撃して、米英との戦争になり、一九四五年の敗戦に至りました。私は一九三一年の満州事変時が八歳の小学生で、一九四五年の敗戦を二二歳の陸軍将校として迎えました。一五年にわたる長い戦争は、少年から青年期の前半までの私の人生と重なっているのです。

しかし、高まってくる危機感に伴う不安をそのまま表すだけでは、単なる「狼少年」の叫びに終わってしまいます。そうしたことを考えるうちに、私の中で危機感は私自身の過去への反省から、責任感へと変わってきました。それというのは、私は一九三一年以降の一五年戦争の中で左翼文学少年から愛国少年に変わり、さらに日本は欧米帝国主義からアジアを解放し、「東洋の永久平和」を確立するために中国で闘っているのだという説明を受け入れて、軍国青年になった過去があるからです。そして、一九四三年に徴兵されて軍隊に入ると、命令によって、いつでも誰でも、見境なしに人を殺すことができる人間を作るために、毎日大した理由もなく、殴られるという生活を経験しました。また将校になってからは、当時絶対的な権力を持っていた軍隊組織の腐敗を、身をもって体験することになりました。そのような組織の中で、自分の言葉を失い、考える能力もなくして、敗戦の時にはポツダム宣言について、部下に説明することさえ、できない状態だったのです。

敗戦の年の冬、焼け跡で寒さに震え、食べるものもない飢えた状態の中で、一体どうして、このような戦争を始めるようになったのかを知りたいと考えました。そして、何よりも私自身が軍国青年に育てられた過程を分析するため、戦前の「国民道徳」の教育内容に関する研究から始めました。丸山眞男教授の指導下で政治思想史の研究に従事し、やがて政治史・政治学の研究に及びました。その研究のすべては、〝なぜ、あのように一五年もの長い間に及ぶ間違った戦争をするようになったのか〟を知りたかったからです。こうして、ふりかえった時に、ここでまた日本が戦争を始めることを許してしまったら、何のために戦後七〇年近く研究をしてきたのかということになります。これが私の危機感を責任感に変えた背景にあった事情です。

こうした気持ちから、新聞への投書など、できるだけのことを体力が許す限り行うことを決意しました。新聞に投書したところ、軍隊を体験した老人でまだ発言しようとする人間がいることが分かったためでしょうか、新聞やテレビなど様々なところから取材の申し込みがありました。また、ツイッターやフェイスブックなどで取り上げて下さる人もいて、思いのほか、大きな反響を呼びました。しかし、新聞の場合には字数、テレビの場合には時間の制限があり、思うことが十分に伝わらないというもどかしさを感じることもありました。そんな時に、青灯社の辻一三さんから本を出さないかという申し入れがありました。

幸いに、いつも私が話したことを分かりやすい文章にしてくれているライターの菊地原博さんの協力が得られることになりました。そこで、他からの取材は一切断って、この本で私の体験と反省したことをまとめようと決心しました。

この本の内容を考える時、いくつかの力点を思いつきました。最も大切にしたいのは、九〇歳を超えるまで長い間生きてきた人間として、個人の体験を中心におくことです。しかし個人の体験は特殊なものですから、そこからただちに一般化はできません。そこで戦後、研究者として蓄積してきた成果を利用し、個人の体験を広い社会的背景の中に位置づけようと考えました。

同じように、研究者としての成果を生かしたやり方として、比較の視点を取り入れることにしました。比較には空間的比較と時間的比較の両面があります。空間的比較とは、日本の社会を他国、例えばドイツと比べてみることです。一例を挙げれば、二〇一三年七月に麻生太郎副首相兼財務大臣が「ナチスの手口に学んだらいい」と発言しました。しかしナチスの場合は、一九三三年にヒトラーが政権を取り、それ以降は彼の決断ですべてが進むことになるという具合に、変化の時期が非常にはっきりしています。それに対して、日本の場合には、独裁者もいなかったので、一九三三年に相当する時期がなく、ずるずると軍国化が進んでいきました。そして最後は坂を転げ落ちるように、破局に至ったわけです。ずるずると変化していた時には、危機感を持つ人は必ずしも多くなかったというのが特徴だといえます。加えて、戦後の戦争責任に対する処理の仕方にも大きな違いがあります。

一方の時間的比較とは、戦前における戦争への過程と戦後、特に最近の軍事化に向かう動きとの間の共通点と違いを明らかにすることです。この視点を取り入れたのは、この本が過去をそれとして語る老人の回顧談におちいらないようにしたかったからです。回顧談ではなく、過去の経験から学んだことを生かして、違った条件の下にある今日の事態にどう対処していくのか。それを考える手助けをすることこそがこの本を出す意味であり、戦前の緩やかな変化から破局に至る時期を経験し、そしてその反省のために戦後の約七〇年を政治学研究者として過ごしてきた私がやらなければならないことだと考えました。

軍事化を推し進めた消極的要因としては、言論や思想の自由に対する規制や情報からの遮断があり、積極的要因としては、愛国心の教え込みがあります。これらについては、一九二五年の治安維持法制定から一九三一年以降の一五年戦争を経て敗戦に至る過程と、最近の情勢にきわめて似た点があることは、この文章の冒頭の危機感のところで述べた通りです。しかし、戦前の軍事化は天皇主権の明治憲法体制の下で進められた点で、国民主権・基本的人権の尊重・平和主義の三原則を持った、現在の日本国憲法体制下とは明らかに違いがあります。だからこそ、この憲法体制そのものを変えようとする動きが出ているわけで、それに反対する運動の側の動きにも注目する必要があるでしょう。

また同じ愛国心といっても、戦前は教育勅語や『国体の本義』で内容が明らかにされていました。それに対して、最近は、内容の基準が明らかでなく、学校での日の丸・君が代についての儀礼の強制が先行している面や排外主義的憎悪という感情に依存する傾向が強いことは大きな違いです。

ここまで研究者として長年積み上げてきたことをいかにして生かすかを考えた力点をあげました。しかし、研究者としておかしやすい間違いに対して警戒することも必要です。その間違いとは、研究者ができる限り明快な説明を行おうと考えた結果、ひとつの決定論、あるいは宿命論におちいる危険性です。

たとえば、後に詳しく説明しますが、私が一九七〇年に『日本の政治文化―同調と競争』という本を書いたとき、日本においては閉鎖的同調社会の中での忠誠競争が起こりやすいという政治文化が、戦前から戦後まで続いていると説明しました。しかし、なるべく明快に説明するために日本の政治文化の特異性を強調した結果、文化的決定論のようになってしまった面があったことを後に反省しました。

この本ではそのような落とし穴にはまらないように、たえずひとりの人間としてどのような価値をめざして行動するべきなのかを中心にすえました。そのことは現実を超越して、理想を追求するという意味ではありません。そうではなく、複雑な現実を見つめ、それについて多様な見方があることを考えに入れて、異なった意見との対話の中で思想を展開しながら、長期的に向かうべき方向を模索していくというやり方にしたいということです。

今述べたことは、この本を読者の皆さんにどのように読んでいただきたいかということと関係してきます。この本に、再び戦前にならないために何をなすべきかについての模範解答を求める方は、恐らく失望されるでしょう。もともと、ひとつの模範答案があるとは私自身考えていないからです。政治は何よりも主権者である人たちがどう行動するか（行動しないことも含めて）によって、時々刻々変化するものです。その中での行動のあり方は個々人が異なる条件のもとで生きている以上、多様であるのは当然です。したがって、私が読者の皆さんにお願いしたいのは、一人ひとりが置かれている条件を考えた上で、どのように行動するのかを決めるために考える素材として使ってほしいということです。とりわけ、世代や文化が違い、意見が異なる人と対話をするとき、それを有効に進めるために役立てていただきたいと思います。

間違って軍国青年になり、それを反省して歴史から教訓を学ぼうと努めてきた老人から後に続く人々への、小さな遺物のひとつとして、皆さんがこの本をどう使って下さるか。読者一人ひとりの行動こそが重要な意味を持つのだと思います。その気持ちを理解していただくため、私が中学生時代から今日まで座右の本としてきた内村鑑三『後世への最大遺物』の結びの部分を引用しておきます。

「我々は何をこの世に遺して逝こうか。金か。事業か。思想か。……何人にも遺し得る最大遺物――それは高尚なる生涯である。……アノ人はこの世に活きているあいだは真面目なる生涯を送った人であるといわれるだけのことを後世の人に遺したいと思います。」

※本書でふれる人名の敬称については、これ以後全て省かせていただきます。なお、本文中の（　）内にある註は青灯社の山田愛さんが加えて下さったものです。お骨折りに感謝します。

第一章　愛国少年へのゆるやかな歩み

昭和のはじまり――華やかな即位の礼と厳しい弾圧

昭和二（一九二七）年一一月、私の父が京都府の今の副知事に相当する内務部長になったことから、京都での生活が始まりました。翌昭和三（一九二八）年一一月には、歴史的にいうと天皇の即位礼が京都で行われた最後の例となる昭和天皇の即位の礼を控えており、大変に華やいだ空気がありました。即位の礼は京都で行われるだけでなく、総理大臣以下、父も含めて役人は皆、公家装束姿で参加します。その装束を付けるために二時間かかり、トイレにも行けないので、とにかく水を飲まないようにするなど一生懸命準備をしていました。そんな中で、たまたま私が下痢をしてしまいました。これが流行病となると、即位の礼に父が参加できなくなってしまうということで、「大変だ」と大騒ぎになった。それで検査結果が出るまで、しばらく入院させられるというひどい目にも遭いました。

一方で、当時は気がつかなかったのですが、京都には全国から警察官が動員され、特に思想犯と朝鮮人を対象にした大変厳しい取り締まりが行われていたのです。後に参議院議員もつとめた作家・中野重治の詩『雨の降る品川駅』（一九二九年）は、この時朝鮮人独立活動家が朝鮮に送還されるのを歌ったもので、よく知られています。その頃、父の前の任務であった警視庁保安部長当時の部下で、官舎の玄関番をしていた警官も京都に来ていました。私は大変意気地がなくて、東京にいたとき、夜さかりがついた猫が鳴くと、怖がって寝られないほどでした。そこで、その警官は猫を追い払う役をしていたのですが、その人が夜、勤務が終わってから私の家に遊びに来て、大捕り物の話をしました。大変な重罪人で、柔道の達人だというので緊張して行ったら、二階から飛び降りて、足を折ってしまい、難なく逮捕したという自慢話でした。戦後になって歴史を勉強してみると、どう考えてもそれは「三・一五」事件（一九二八年三月、全国で共産主義者と見なされた一五〇〇人以上が治安維持法違反の容疑で逮捕・検挙された事件）の時の話だったのです。

そう考えると、華やいだ即位の礼は三・一五事件に象徴される厳しい取り締まりと裏表の関係をなしていた。年表で見ると、ちょうどこの昭和二年は、京都大学では河上肇、東京大学では大森義太郎、九州大学では向坂逸郎、佐々弘雄といった帝国大学の教授や研究者らが、マルクス主義の問題をめぐって相次いで辞任した年であり、大学での社会科学研究会が禁止された年でした。今から考えてみると、華やいだ雰囲気は、これから起こる大きな変化を前にして、そのまがまがしい兆しが表れていた時期でもあったのです。

中央と周辺――「東京行進曲」と草履の小学生

即位の礼の翌年、昭和三年（一九二八年）六月に張作霖《ちょうさくりん》の爆殺事件（関東軍支援下にあった奉天軍閥の長・張作霖の乗った列車が爆破され、殺害された事件。日本の満州支配の障害となりはじめた張を排除するために日本軍が仕組んだとされる。当時日本国内では「満州某重大事件」とだけ呼ばれた）がありました。この事件後の処理をめぐって、政友会（立憲政友会。一九〇〇年結党、日本最初の政党政治を担う）の田中義一首相（陸軍大将を退役後、議員となって政友会総裁をつとめる。首相となって山東出兵を推進した）は、軍部出さきの責任をしっかり追及できなかったため昭和天皇に怒られて辞任し、一九二九年七月に民政党（立憲民政党。一九二七年結党）の濱口雄幸（緊縮財政、軍縮政策を推進。一九三〇年、東京駅で右翼団体員に銃撃され翌年死亡）内閣になりました。当時は内閣が替わると、大体地方官は知事以下、部長も全部替わる。そのため、私の父親も京都府の内務部長から宮崎県知事になりました。

その頃は、地方でも大変に政争が激しく、宮崎の知事官舎に行ってみると、政争の結果、消防団が片方に加担して知事官舎に放水して、水浸しになっていました。ちなみに父は、どちらかというと民政党に近かったのですが、当時の新聞によれば「無色透明の硬質ガラス」などという評価を受けていて、あまり政党内閣による干渉は受けなかったようです。ともあれこのように政争が地方まで波及し、それに対する民衆の不信感もひどくなっていて、やがて一九三二年の五・一五事件（海軍の青年将校らにより、軍縮路線を取っていた当時の内閣総理大臣・犬養毅が殺害された事件。世界恐慌による世情不安も要因となった）で政党政治が途絶えてしまうのですが、その前兆がすでに表れていたと言えるでしょう。

歴史的に見ると、政友会が先にできて、そのあとに桂太郎が憲政会を作ります。政友会の方が地主などの地方有力者に力点を置いていて、憲政会は官僚出身者に比重を置いていました。憲政会は昭和二（一九二七）年に政友本党と合流して、立憲民政党になりましたが、官僚、知事や中央省庁の部長の中でも、政友系の方がより政治的で、憲政会（民政党）の方が地方の泥くさい政争を嫌い、中央から変えていくという意味で、革新官僚的な人が多かった。父がどちらかというと民政党に近かったのは、そのような革新官僚の傾向があったからです。

そういう違いはありましたが、実際の政争になると、お互いに相手の汚職を摘発しあいます。それだけではなく、国体（広い意味ではある国の政治の基本的原則のことだが、日本の場合は特に、天皇を中心とした国の秩序を指す）論争をやるわけで、政友会が美濃部達吉（大正デモクラシーを代表する法学者。日本の統治権は法人である国家にあり、天皇はその最高機関として統治権を行使するという「天皇機関説」を説いた）を批判する一方で、民政党も、例えば不戦条約で「人民の名において」となっているのはけしからんと言う。その結果、後の話になりますが、政友会と民政党の双方が天皇に対する忠誠競争をやることになってしまいます。両方とも国体は批判できないから、「自分たちの方が忠誠を尽くすのだ」といって競争してしまう。それが最後になると、結局「バスに乗り遅れるな」ということで、一九四〇年大政翼賛会（政友会、民政党など諸政党の合流により結成された公事結社。戦時下で国民を結束させることを目的としていた）の発足のときに、先を争って解党してしまうことになります。

京都から宮崎に行って驚いたのは、小学校に通ってくる子どもの大部分が下駄か、草履を履いていることでした。宮崎に行き、最初は幼稚園に入りました。当時幼稚園は特権層の子どもが通うところで、しかも宮崎では外国人の牧師さんがやっていて、英語を幼稚園から教えているようなところだったので、皆靴を履いていました。ところが、小学校に入学したら、靴を履いてくるのは官舎から来ているようなごく少数の子どもで、他の子どもたちは下駄か草履でした。東京ではモボ・モガ（モダンボーイ・モダンガール）などといって、銀座通りをおしゃれな格好をした女性が歩いている写真が雑誌や新聞に載り、『東京行進曲』（当時の銀座を舞台に、モダンな若者たちの先進的風俗を歌った。同名の映画の主題歌にもなった）がはやっていた頃でしたが、宮崎では小学校に草履やげたで通ってくる子どもが大多数だったことは本当にショックでしたね。

小学校では朝礼があり、南国のかんかん照りの中で立たされて、京都でひ弱に育ってきた私は、たちまち脳貧血を起こしてひっくりかえってしまいました。「知事の息子がひっくり返った」と大騒ぎになり、すぐに救護室に連れていかれて赤い水を飲まされたのですが、それはどうも大切にとってあったワインだったようです。私はわけも分からず、何か辛いものを飲まされて、大騒ぎになるということもありました。父も「こんなに身体が弱いのではしょうがないだろう」といい、夏に青島に家を借りて、少し水泳でもして体を鍛えろということになりました。当時の青島は今のようなリゾート地ではなく、家が何軒かあるさびしい場所で、そこに夏に台風が来て、とても怖い目に遭ったことを覚えています。

ちなみに、全校の生徒を集めて朝礼をやり、そこで一緒に体操をしたり、訓示をするというのは、日本に特徴的で、恐らく初代の文部大臣だった森有礼が兵式体操などを学校に導入した伝統によるのではないかと思います。一九六〇年代、私の息子はアメリカで小学校に通っていましたが、その経験からしても、そうしたやり方はアメリカやヨーロッパにはないように思います。それはともかくとして、学校は中央・周辺に関わりなく、文部省が統一的に指導していたので、父の転勤に伴ってあちこちの地域を転々としましたが、軍隊式の朝礼はどこの学校でも大体同じでした。

もうひとつどこでも同じだったのは、私は父の転勤先の県で師範学校の附属小学校に行ったのですが、文部省が新しいことをやると、どこの師範学校でもそれを取り入れるということです。九州の最南端の宮崎でも、一九二〇年代の終わりには心理テストを始めて、コインのような大きさの金属片を穴に入れる時間を測ったり、図を見せたりする。かなり時間がかかるので、全員がやったわけではないでしょう。知事の息子だからだったのか、あるいは何人かの生徒を選んでやったのかは分かりませんが、とにかく心理テストがあったことは覚えています。

この頃には、何か学校行事があると教育勅語（一八九〇年公布。親への孝行、皇室への忠誠などを中心に、大日本帝国国民の教育と道徳の理念が記されている）や天皇・皇后の御真影が持ち出されましたが、明確な国体教育の記憶はありません。それがはっきりしてくるのは、一九三七年に文部省が『国体の本義』を決めて以降です。この中で国体について、「大日本帝国は、万世一系の天皇皇祖の神勅を奉じて永遠にこれを統治し給ふ。これ、我が万古不易の国体である」と明言しています。さらに共産主義や無政府主義を批判し、自由主義・民主主義にさえ否定的な内容でした。それから、一九四一年に小学校が国民学校になり、教科書が『兵隊進め』（太平洋戦争中に用いられた小学一年生向けの教科書。読み方を学ぶ文章に「ヘイタイススメ」という文章が含まれていた）になることで、全面的に変わっていったのです。

教育の動き――自由教育のゆるやかな変化

一九三〇年、父が千葉県知事になり、私は千葉師範の附属小学校に通うことになりました。以前「自由」という言葉の歴史を研究した際に、『日本の政治と言葉』という本で詳しく分析したのですが、千葉師範は一九二〇年代に自由教育が非常に盛んだったところで、当時もその影響がまだ残っていました。例えば絵を描くときに、それまでは模範があってそれを真似するやり方だったのが、自由教育から自由画というものになり、何でもよいので写生するというやり方でした。しかも、その写生したものをそれぞれが見せ合って、「バックがもう少し濃い方がいい」などとみんなが批評をするのです。私の母は、「人のあら探しやるみたいで、あんまりよくないわね」と言っていましたが、そのような形で自由教育の影響が残っていました。

一方で、師範から推薦されたのだと思われますが、わが家の若い家庭教師はかなり右翼的な人で、その後戦時下に軍国的な校長になりました。千葉師範の中でも自由教育から軍国主義化への変化が起こっていたのでしょう。

そして、三五年に東京に移り、青山師範の附属小学校に入りました。ここでも、直観教育という、観察をして理科を勉強する新しい手法で教育をしていました。そのような形で、私が経験した小学校の教育では、後に言われたような国体教育はまだそれほどはっきりとは見られなかったのです。

少しさかぼりますが、三一年に満州事変が始まり、世の中が徐々に変わってきて、同じ年に三月事件、十月事件という軍部の陰謀があり、軍部が主導権を握る時代にしだいに移ってきていました。三三年に日本は国際連盟を脱退、脱退演説を行った松岡洋右（外交官・政治家。日独伊三国同盟や日ソ中立条約の締結などに関与）が帰国した時に英雄のように迎えられ、他方では滝川事件（京大法学部教授の瀧川幸辰が、講演及び著書『刑法読本』の内容が「マルクス主義的」と批判され文部省より休職処分とされた事件。大学側は学問・思想信条の自由に反すると抗議した）が起こりました。同じ三三年には、共産党からの集団転向が始まってきます。

これらを全部支えていたのは、三一年からはやりだした世界恐慌後の「世は非常時である」という人々の不安を強く駆り立てる空気でした。それを利用しながら、例えば、一九三二年の第一次上海事変（上海共同租界近辺で生じた日華間の軍事衝突）の時には、托鉢のために上海を歩いていた日本人の僧侶が中国人に襲われて、ある者は殺され、ある者はけがをしたという事件があって、それを契機に日本軍が上海に兵力を増強したことから、ますます戦火が拡大していくという状態になっていきます。

ここで連想するのは、在外邦人の救援ということが現在の集団的自衛権の問題でも出てきているということです。それに対して、例えばアフガニスタンで支援活動を行うペシャワール会の中村哲は、自分たちの活動が危険にさらされるので、「頼むから、自衛隊は来ないでくれ」といっています。それは彼の経験で、自衛隊がインド洋で米軍の軍艦に対する石油の補給をするようになってから、ペシャワール会の車は日の丸を消して活動しなければならなくなったという事態から来ています。安倍首相は、集団的自衛権を閣議決定する時に「日本人の生命を守らなければならない」と言っている。そこで非常に気になるのは、一九三二年の第一次上海事変のように、在外邦人の救援という名目で海外に自衛隊を派遣する可能性が非常に高いのではないかということです。二〇一四年九月、アメリカがイラクで爆撃を始めるというときに、在留邦人の状況については情報を明らかにしないと政府は言っていました。これは大変気になることで、在留邦人がいるからということを理由にして、実はすでに移動したあとでも軍隊を派遣するのではないかということが非常に強く危惧されます。

話は戻りますが、後に歴史家が明らかにしたところでは、第一次上海事変のきっかけになった日本人僧侶の殺害は日本軍が金を渡して中国人にやらせたものでした。その後も似たようなことが満州で起こり、右翼が中国人に金をやって日本人の商店を襲撃させ、それを口実に軍隊を派遣するということがありました。現代でも、そういうやり方が行われる可能性はあり、そのあたりは非常に注意しなければならないでしょう。

「学校の兵営化」――軍縮から軍拡へ

私が初めて深刻に軍部の動きを受け止めたのは、昭和一〇（一九三五）年のある日の朝礼のときでした。兄が中学受験をして成蹊中学に入ったので、中学受験をするよりも、小学校から行けば試験が楽でよいだろうと編入試験を受け、小学校三年で青山師範から成蹊小学校に移りました。成蹊では朝礼は小学校から高校まで全部一緒にやっていましたが、小学校五年生のある日の朝礼で、配属将校が壇の上から「おまえら、毎朝学校に来るときに、あそこに国賊がいるから、にらんで通れ」と言って、校門の方を指したのです。成蹊の門のすぐ脇には、天皇機関説を主張していた憲法学者の美濃部達吉の家がありました。これは当時、在郷軍人会（現役を離れた軍人らの団体。風紀改善や教育、非常時の救助などに関わる活動を行っていた）が、「国体明徴運動」といって、美濃部の天皇機関説を攻撃する運動をやっていたことに影響されたものです。このような形で配属将校が発言をして、それから間もなくして右翼が美濃部達吉を傷つけるという事件が起こったのです。そうしたこともあって、大変に不快に思いました。

一九二八年にパリ不戦条約が成立して、世界的には軍縮という大きな流れがありました。軍縮といっても、お互いに様子を見て、勢力均衡を保ちながら、取り組むという軍縮です。しかし、とにかく世界的に軍縮の傾向になったということで、日本でも一九二九年には宇垣軍縮がありました。大正時代の初めに二個師団増設の問題をめぐって第一次護憲運動があったのですが、この宇垣軍縮では逆に四個師団を廃止しようということになったのです。しかし、それは本当の軍縮ではなかった。労農派マルクス主義の理論的指導者で、社会運動家だった山川均が雑誌『改造』にその動きを批判して、「陸軍の縮張」というまことに奇妙な題の論説を書いています。それは一方では地上兵力を削減するが、他方では軍の近代化を図って新しい兵器の導入を図るという陸軍のやり方を批判する内容でした。

そして、政府はそのときに首を切られた将校たちを中学校以上の学校に配属するという配属将校の制度を作りました。これを山川均は「学校の兵営化」と呼んだ。それは後にアメリカでも行われたのですが、失業将校の救済と同時に、学校で軍事訓練をすることによって、徴兵された学校卒業者に普通の者よりも短期で将校になれるようにする特権を与えるという狙いがありました。これが、教練（学校教練または軍事教練とも。一九二五年より導入）

といわれるものです。昭和七（一九三二）年に、カトリックの上智大学の学生が集団で配属将校に率いられて靖国神社に連れていかれます。参拝を拒否した学生がいたことが大問題になり、陸軍は配属将校を引き揚げた。そうすると、上智の学生には早く将校になれる特権が与えられなくなるのです。そのため、結局上智大学も譲歩して、これは社会的な習慣であって宗教ではないと、靖国神社の参拝を認めざるをえないことになりました。

このような形で学校での軍事訓練が始まりましたが、配属将校は在郷軍人会に属しているので、結局在郷軍人の右翼的な運動に参加するということになります。ただ、そうした軍人の動きは、右翼と同じで、必ずしもそのまま広く受け入れられていたわけではありません。三五年から三六年三月まで、私の父が神奈川県知事だった時期に、右翼が知事官舎の裏の掃部山にある井伊掃部守《かもんのかみ》（幕末の大老井伊直弼のこと。日本の開国政策を強行し、「安政の大獄」で反対勢力を粛清。安政七［一八六〇］年の桜田門外の変で尊皇派の脱藩浪士らに暗殺された）の銅像を「江戸幕府で開国を主導した不届きな人物だ」と引き倒そうとしましたが、うまくいきませんでした。

少し脱線しますが、知事は中央省庁の次官や局長と同じ勅任官でしたが、師団長と師範学校長が同じレベルになります。それで、父が千葉県知事をやっていた時に、正月に官舎に師団長を呼んで酒を飲んでいたら、師団長がひどく酔っ払って、当時女学生だった私の姉にセクハラめいた行為をしました。その後、神奈川県知事の時には横須賀鎮守府司令長官を呼んで宴会をした時、当時長官だった米内《よない》光政（最終階級は海軍大将。のちに一九四〇年、第三七代内閣総理大臣となる）は酒に非常に強くて、絶対に乱れず、最後には立派に敬礼をして帰っていきました。その経験から、私は陸軍が大嫌いになり、海軍が好きになりました。後に海軍を志願するのも、多少はそれと関係がありました。

父が神奈川県知事をやっていた一九三五年頃は、まだ国際的な交流がありました。横浜は現在の成田や羽田と同じように、海外から日本に入ってくる玄関にあたります。そのため、神奈川県知事は横浜にあるイギリスやアメリカなど各国の総領事とつきあう必要がありました。住んでいた官舎は紅葉ヶ丘という桜木町のすぐ上の丘にあったのですが、総領事たちを呼んでガーデンパーティーをやるために大変な広さがあって、いとこたちが集まってサッカーの試合ができるほどでした。その一方で、満州国皇帝が日本に来るということで、父はその先導をしました。そのように、戦争のきな臭い動きはありながら、他方では国際的な交流も続いていたという、両面が併存する時期だったのです。

武器恐怖症から不眠、さらに絶対安静へ

父が神奈川県知事をやっていた一九三六年二月二六日、「二・二六事件」（陸軍内の一派閥である皇道派の影響を受けた青年将校たちが「昭和維新・尊王討奸」を訴えて起こしたクーデター未遂事件）が起こり、その直後に同郷の先輩で当時宮内大臣だった湯浅倉平（一九二三年の関東大震災の際に警視総監に任命される。朝鮮総督府政務総監、宮内大臣、内大臣などを歴任）に呼ばれました。そして、「すまないけども、こういうときだから君にぜひ頼みたい。東京の治安を守るために警視総監になってくれないか」といわれ、警視総監に就任し、今の国立劇場がある場所にあった警視総監官舎に移ったのです。二・二六事件のときには、反乱軍に警視庁は占拠されたし、総監官舎も占拠された。最初、私は「危ないから、来るな」と言われて、行きませんでしたが、二～三か月して、いつまでも小学生を別な場所に住まわせておくわけにもいかないと、官舎に泊まるようになりました。

父は毎晩、枕元に拳銃を置いて寝ていました。夜中でも、玄関番の警官が「失礼します」と言って、「今、どこどこで殺人がございました」と伝えに来る。反乱軍は機関銃を持っ

て襲ってくるわけだから、拳銃は何の役にも立ちません。それでも持っていたのは、恐らく自決用だったと思います。私は拳銃も嫌だったし、報告で夜中に起こされるのもたまらない。そのうちに、私は怖くなって、夜、トイレに行けなくなりました。トイレに行って明かりをつけると、向こうから機関銃で撃たれるという妄想に取りつかれ、寝られなくなったのです。父はもっとひどい状態になり、結局、精神的に耐えられなくなり、在任八か月で警視総監を辞任しました。

そして、原宿にあった自宅に移ったのですが、それ以降も私は不眠が治らず、夜になると怖くなって寝られない状態が続きました。拳銃は必要なくなりましたが、家にあるので、原宿の自宅に持ってきていました。原宿には宮廷専用駅があって、天皇がどこかへ行くときにはそこから出発する。そのときになると必ず警官が、「おたくは別に必要ないと思いますけど、任務だから、拳銃と弾の数を点検させてください」といってやってきます。うるさくてしかたがないので、軍に寄附しました。そうして拳銃からは解放されたのですが、不眠症は治らなかった。そして、最後にはちょっとした風邪が元で腎臓から出血して、絶対安静で一年動けなくなるという状態になってしまいました。

それで一年留年して学校に行くようになりましたが、学校に通いはじめても体が弱く、体操と教練だけはできませんでした。二年目にもう一度留年するところを、担任が「これ以上留年させても無意味だ」とかろうじて進級させてくれたのです。それ以来、私は武器に対する恐怖が続くことになりました。陸軍が特に嫌いだったのは、海軍は短剣なのに、陸軍は軍刀を持っているからでした。軍刀を腰にさげているのはとても物騒な話しで、実際一九三五年には相沢三郎中佐が白昼、陸軍省の中で永田鉄山軍務局長を切り殺す事件が起きました。そうした経験から、軍刀はとても嫌だった。

後の話になりますが、将校になって、軍刀を持たなければならなくなったことは大変なショックでした。軍刀を持つのが嫌だから最初海軍に志願しましたが、海軍では採用されずに、陸軍になってしまいました。陸軍で将校になったら軍刀を下げなければいけないので、親戚からもらった美術品のような薄い刃の日本刀を、軍刀に仕込みました。恐らく人は殺せないでしょうが、見たところはいくら薄くてもきちんと軍刀の格好をしていたので、抜いて指揮をするときにはりっぱな軍刀に見えました。また、薄い刃だから、非常に軽い。人を殺せないものだから精神的にも楽になったし、軽いので肉体的にも楽になりました。

戦後、進駐軍によって、十五センチ以上の刃渡りの刃物は全部武器として取り上げるということになりました。ただし、美術品は除かれたので、銘の入った刀であり、美術品として登録すれば、出さなくても済みました。しかし私は何としても軍刀は嫌なので、とにかく出してしまって清々したのです。

左翼文学少年から愛国青年へ

配属将校のような存在は嫌だったけれど、それにどう対抗してよいかは分かりませんでした。その当時の苦悶について、いくつか書いてみましょう。

まず、私は成蹊小学校というブルジョアの子弟の学校に行った結果、小学校から「僕は社長だ」「俺は会長だ」という遊びをする仲間に入ってしまったことに違和感がありました。特に同級生はブルジョアの三世代目で、色々な面で退廃していることを否定できませんでした。例えば、成蹊はブルジョアの子弟を集めながら、他方では非常に禁欲的な教育をしていましたが、そのひとつの例として断食会がありました。鶴見にある曹洞宗総本山の總《そう》持《じ》寺に生徒たちを連れていって、学年によって違いますが、三日から一週間くらい断食をしていました。ところが、私が中学に入った頃から、参加した生徒たちの多くが、断食会を抜け出して物を食べるようになってしまった。その結果、断食の意味がなくなり、取り止めになりました。それからもう一つ、これもある種の禁欲ですが、試験無監督制度というものがあって、学期試験その他で試験をするときに、教師は問題用紙を置いて教室から出て行ってしまいます。あとは自律で、みんな静かに答案を書くということがひとつの美徳とされていました。しかしこれも教師がいなくなると、「おい、教えろ」といって、みんなが教室中を歩き回る事態になって、私のときからなくなってしまいました。このような三世代目における退廃を眼前にして、非常に悶々としていました。

その頃、河上肇の『貧乏物語』や、賀川豊彦の神戸の貧民街の経験を書いた大作『死線を越えて』などを読んで、資本主義への疑問を感じ、左翼文献をぼつぼつ読みだすようになっていました。ところが、思想弾圧や出版禁止によって、左翼の文献がしだいに姿を消していきます。文芸部に所属していた私は、一九三四年に刊行され、流行したロシア生まれでフランスに亡命した懐疑主義者のレフ・シェストフの『悲劇の哲学』や、ミゲル・デ・ウナムノ(スペインの思想家・作家。「私とは何者か」「死後の私はどうなるのか」について深く考察した)などの著作を読んで、大いに影響を受けていました。そして、文芸部の雑誌に『モータル』という片仮名の題名の創作を載せました。これは有島武郎のまねをして、「IからTへ」

と「TからIへ」という往復書簡の形を採っていたのですが、TとIはどちらも私のイニシャルで、つまり自己内対話を文章にしたものでした。内容は『モータル』（死すべき者）という題が示すように、生と死の問題を取り上げた非常に懐疑主義的なものでした。

その当時、私は中学の文芸部でしたが、高校の文芸部に作家山本有三の息子で有一という後に薬学者になった人がいました。そこで、井の頭公園のすぐ脇にある山本有三の自宅に連れて行ってもらい、はしごを掛けて書棚を見るという大変大きな書庫に入りました。はしごを掛けた一番上のところに左翼の文献が入っていて、岩波文庫や改造文庫の発禁物が並んでおり、その中から、『マルクス・エンゲルス伝』などいろいろな左翼の文献を借りてきて、読んでいました。

その一方で、成蹊高校の開架図書館では、しだいにマルクス主義文献が姿を消し、それだけではなくて、やがて河合栄治郎（経済学者。自由主義と教養主義を唱え、ファシズムとマルクス主義のいずれも批判。一九三八年著書が発禁となる）の本も、津田左右吉《そうきち》（日本史学者。『古事記』『日本書紀』および皇国史観を近代的な史料批判の観点から研究）の本さえも、鍵のかかる部屋に移されました。そうした中で左翼文献を読みながら、左翼にだんだん傾いていった。当時は日記を担任の教師に見せることになっていたので、「おまえ、気をつけろ。だんだん赤くなってきたぞ」と言われていました。

にもかかわらず、私はしだいに愛国青年へと変わっていったのです。その理由のひとつは、校長が替わり、神宮皇学館から新しい校長が来たことでした。その指示で学校の中にりっぱな神社を建てて、大祓《おおはらい》の祝詞《のりと》を毎朝朝礼のときにやるようになりました。私は成績がよかったので、年末の大祓の時に衣装を着けて、「たかまのはらに……かしこみもまをす」と全部やります。校長が毎朝祝詞を上げるような状況の中で、優等生になろうと思ったら、それをやらざるをえない。左翼がかっていた少年が大祓の祝詞までやるようになったということで、校長の私に対する信頼は絶大なものとなりました。

左翼少年から転向する最大のきっかけになったのは、三九年に哲学者の三木清が昭和研究会の名前で出した、『新日本の思想原理』という文書を読んだことでした。そこで、三木清は「現在の事変（支那事変＝日中戦争）」の意味を述べて、「時間的には資本主義問題の解決、空間的には東亜の統一の実現、それが今次事変の有すべき世界史的意義である」という解説をしています。つまり、左翼であった私にとって、三木清の著作は自分がマルクス主義からだんだん転向していく過程で読んだものということになる。そのため、資本主義問題の解決ということがよく理解できたわけです。それが左翼少年がすっかり事変（戦争）の同調者になってしまう契機になりました。また空間的には恒久平和のために欧米帝国主義の支配を排して大東亜共栄圏を作り、それを統一していくことがこの事変の歴史的な意味だという言い方をしたので、それにすっかり心を奪われてしまいました。

後に『日本の社会科学』という本の中で詳しく分析しましたが、ただ傍観していてはいけない、参与しなければいけない、知識人は参与することによって政治に影響を及ぼすのだというのが三木の考え方だった。それで昭和研究会には参与したいと多くの知識人が集まってきましたが、それは歴史的に分析してみると、大きな政治的影響力を持ちませんでした。それだけではなくて、参与したことによって、権力に協力し、実際に起こったことを後から合理化する論理をいつも準備するという役割を負わされることになったのです。

とにかく、参与から協力へ移っていく三木とつきあって、私はいつの間にか左翼少年から愛国青年へと移っていきました。そうすると、今度は「道義的生命力」、当時はレオポルト・フォン・ランケの「モラリッシェ・エネルギー」というドイツ語を使っていたのですが、京都学派（京都帝国大学を中心とした哲学者の一派。西田幾多郎、和辻哲郎らを中心とし、三木清もこれに属していた。西洋哲学と東洋思想の融合、非中央的なアカデミズムの自由を目指していたが、しだいに大東亜思想へ接近していった）が道義的生命力の表れが今度の事変（戦争）なのだというようになりました。

一九三四年、陸軍はパンフレット『国防の本義とその強化の提唱』を出版し、その中で、きわめて社会進化論（生物学の進化論を社会に適用したもの。社会においても、より時代と環境に適したものが生き残り、弱い者は淘汰されることで全体としては進化していく、とする）的な言い方ですが、「国防は国家生成発展の基本的活力の作用である」という主張を出しました。それがいつの間にか道義的生命力に変わってしまった。陸軍パンフレットでは国防という軍事力だったものが、京都学派によって道義的生命力に変えられてしまったのです。私もそこに移行して、結局皇国史観（日本の歴史を、万世一系の天皇を中心とした国体の発展過程とみる歴史観）を受け入れます。大祓の祝詞もやったし、古典研究会を作って、『古事記』を冒頭から読むということもやりました。そして、和辻哲郎（先述の京都学派を代表する哲学者のひとり。代表作は『倫理学』『風土』『古寺巡礼』など）の「尊皇思想とその伝統」という論文に影響を受けて「近世の尊皇思想」という論文を書き、高校の雑誌に載せるほどの愛国青年になっていきます。ただ、当時は愛国青年にはなっても、自分では軍国青年ではないと思っていました。しかし軍国主義に賛成していなかったとしても、戦争を正当化する考えに同調していたのですから、客観的にみれば明らかに軍国青年だったといえるでしょう。

近衛内閣――言葉と現実および前線と銃後

少し時代がさかのぼりますが、二・二六事件の翌年、一九三七年六月四日、つまり父が病気で警視総監を辞任して半年後、廣田弘毅（外務大臣、貴族院議員などを歴任。石屋の息子として生まれ首相にまで上り詰めた立身出世の人であったが、戦後の極東軍事裁判でA級戦犯とされ、死刑になる）内閣に代わった林銑十郎《せんじゅうろう》（外務大臣、文部大臣、陸軍大臣などを歴任。林内閣は政党の除外、祭政一致等を掲げたがそのために議会が滞り、解散後の総選挙で野党に惨敗して「史上最も無意味な内閣」と批判される）内閣が短命で終わった後に、国民の期待を広く集めて第一次近衛文麿《このえふみまろ》（貴族院議長などを経て一九三七年～三九年、四〇～四一年という日中戦争期の大部分の期間、内閣総理大臣を務める。戦後A級戦犯と認定され、服毒自殺した）内閣が成立した時のことを私は明瞭に記憶しています。組閣した後の談話が新聞に載りましたが、その時中学生の私に強い印象を残したのは、「国際正義に基づく真の平和を確立することに努め、国内でも社会正義に基づく施策をできるだけ実施することに努める」という表現でした。

ところが、「国際正義に基づく真の平和を確立する」と言っていたこの内閣の下で、盧《ろ》溝橋《こうきょう》事件（一九三七年、北京郊外の盧溝橋で起きた日中の軍事衝突。日中戦争の直接的な契機となった）から、中国での戦線がしだいに拡大していくという現実が始まります。一方、「社会正義に基づく施策」ということで、貧困は撲滅されるだろうと期待されていました。ところが、翌年に「保健社会省」という名前で計画され、「社会」という言葉を批判されて、新しく発足した「厚生省」が行ったことは貧困の撲滅ではなく、強い兵隊という「人的資源」を育成する政策だったのです。つまり兵士となる国民の体位を向上させるということが中心で、私などが期待した社会保障政策の拡充は、はかばかしく進みませんでした。

戦後、社会事業関係の雑誌を読んでみて、近衛内閣の社会正義への期待を持ったのは私のような子どもだけでなく、社会事業の研究者たちの中にも少なくなかったことを知りました。

このような事例から、子供心にも政治家の言葉とは一体何なのだろうかという疑問が湧きました。政治に背を向けていたのではだめで、知識人が積極的に参与しなければならないという三木清などが述べていた昭和研究会の影響はどうだったのか。その当時は漠然とした不安で見守っていたのにすぎなかったのですが、今日から見れば、結局彼らが果たした役割は政治に影響を及ぼすことではなく、既成事実を理論的に正当化することだったのです。当時、半ば以上は彼らの言うことを信じ、その影響を受けながら、他方では何か言葉のむなしさ、あるいは現実に対する知識人の無力さを子供なりに感じていました。

言葉と現実の間に見られた大きな違いは、「国際正義に基づく真の平和実現」のための戦争において、特に著しいものでした。当時の私は、日本の兵士が中国でどんなに残虐なことをしていたか知るよしもありません。それはメディアが戦争の実相を伝えていなかったことによるものでした。敵に通じた疑いがあるとして捕えられた民間人を柱にしばりつけて、初年兵に肝だめしとして突き殺させるといった残虐なことが行われていたことも知りませんでした。石川達三（小説家。特派員として日本軍の中国戦線に随行した経験もあり、戦地での見聞に取材した作品を著している。著作『蒼氓《そうぼう》』が第一回芥川賞受賞作品となった）の小説『生きてゐる兵隊』のような戦場での残虐行為を描いた作品は発売禁止になりました。そのため、戦場での真相は分からないままで、命がけで戦っている兵隊さんへの感謝の気持ちが強調され、国内での戦意高揚が「銃後の責任」だと感じられたのです。

それに加えて、戦場からの便りが常に「平和のため」と伝えていたことも影響していたでしょう。歴史学者の鹿野政直が「（出征兵士が戦場から出した）岩手県の元教師高橋峯次郎宛て通信を通覧していくと兵士たちが何のための戦争という課題を意識に上らせるとき、異口同音といった調子で、『東洋平和』、あるいは『東洋永遠の平和』という言葉を連ねているのに出会う」と述べています（『兵士であること―動員と従軍の精神史』朝日新聞社、二〇〇五年、一四八頁）。ところが、「職業として軍隊を選んだ人の通信には、そのような〝大義〟とは無縁の、はるかに〝冷静〟な筆致が見える」と書いています（一五〇～一五一頁）。その違いについて、鹿野は次のような説明を加えています。「プロであれば職務として遂行できる戦闘行為に、ノンプロとしての兵士が突入していくためには、自らを納得させる激情、あるいは大義が必要であった。振りかざさずにはいられなかった大義は、手駒になることを自らに言い聞かせる際に発せられる悲鳴とも聞こえなくもない」（一五四頁）。

一九三七～三八年頃の手紙に見られるこのような傾向は、私が兵士になった頃にはもう見られなかったように思います。それは検閲が厳しくなった結果でもありますが、言葉の機能が長い戦争の間に、どのような意味でも自分の気持ちを表現する道具であることをやめて、自分を守るよろいのような役割を担わされていた結果なのでしょう。

後に述べる軍隊教育の中で無理矢理書かされる、「修養録」という上官が検閲する日記があるのですが、結局これが、自分が軍隊の規格に合った存在であることを立証する手段となったこともあるでしょう。では、「修養録」の言葉をよろいとして、その下にある本心はどう表現されたか。私が兵隊になり、兵舎で「修養録」を書いている時、ひそかに机の下からメモが回ってきました。それには「一番食べたいもの」という皆の書き込みがあり、天丼や親子丼や大福など、ありとあらゆるうまそうなものの名前が並んでいました。中でも印象に残っているのは、「きつね色に焼いたパンに厚さ一ミリのバターをのせたもの」と書いて、わざわざスケッチまで加えられたものでした。

このように、本心を表す言葉を失うと同時に、よろいとして方便で使っていた言葉が、知らないうちに本心への締めつけになっているという面も否定できなかったのです。

敗戦後、言葉を失った状態から自分の言葉を取り戻すまでには時間がかかりました。そのぶんだけ研究者としても言葉の政治的役割について注意を払うようになりましたが、それはまたあとで説明することにしましょう。

第二章　戦争に向かう空気の危うさ
――今日の視点から見る軍国化の要因

軍部だけが悪者だったのか――政党の役割とは

これまで私は、自分の体験を基礎とすることにこだわってきました。これからもその原則は貫くつもりですが、私がなぜ軍国青年になったかを説明するためには、その背景となった日本社会全体の動きを、さらに説明しておく必要があります。そこで、この章では私の記憶以前のこと、あるいは当時の記憶にはなかったことも含めて、戦後の研究成果も参照して、少し広い社会的背景を説明しておきたいと思います。

前章の最後にあげた近衛内閣が、国際正義に基づく平和を主張しながら、実際には中国との本格的戦争に至った経緯を考えてみましょう。これは直接的には、中国に駐留した出先軍部が勝手に戦線を拡大し、中央政府がそれを抑えきれなかった面によるところが大きい。しかし、だからといって、悪いのは軍部だと言って済ませることができるでしょうか。日本が軍国化の道を選んだのは、ただ「軍部が悪かったのだ」と言って済ませられる問題ではなく、もっと広い政治的・社会的背景の上に起こった歴史的な事象なのです。

この複雑な背景を今日から見て、今日の危うい状況の中で再び軍国化への道を歩まないようにするにはどうしたらよいかという視点から考えてみましょう。その結論を先取りしていうと、中国との本格的な戦争に至ったのは、次の二つの側面の変化がお互いを強め合った結果だと言えます。ひとつは思想言論の自由を制限し、人々が考えられる幅を徐々に小さくしていくという方向です。これを消極面とすると、もうひとつは積極面です。積極面といっても、価値的によいという意味ではなく、悪い意味での積極性です。その積極面とは、限られた思考の幅の中で、忠誠競争、あるいは、もっとはっきり言えば、駆け足型忠誠意識によって、社会的同調性をより極端な忠誠意識を生み出す方向への圧力とするという面です。例えば、自らも特攻隊員だった作家の城山三郎が、小説『一歩の距離』で描いたように、特攻隊を選ぶ場合に、「特攻を志願する者、一歩前へ」と言われたら、隊員は皆、一歩前に出ないわけにはいかない。こういった「忠誠競争」だと考えればよいでしょう。

この抽象的な結論を歴史的な事例の中で、具体的に説明していきましょう。私の記憶の範囲を超えますが、少なくとも消極面については、一九二五年の治安維持法（天皇主権および資本主義を否定する運動を取り締まる法律。当初は共産主義革命防止の目的であったが、後に自由主義や宗教団体・右翼団体も対象となり、広く思想弾圧に用いられた）の成立までさかのぼる必要があるでしょう。この法律が普通選挙法と同時に成立したことはよく知られていて、「アメとムチ」と言われます。これが護憲三派内閣（一九二四年、憲政会総裁の加藤高明を内閣総理大臣とし、立憲政友会、革新倶楽部との連立で成立。後に憲政会の単独政権となる。ソ連との国交樹立や先述の宇垣軍縮など多くの業績を残した）、つまり政党主導の内閣で提案されたことにも注意しておく必要があります。普通選挙によって、労働者政党が国会に進出することへの恐れがあったことは疑いえません。では、私が結論的に述べた軍国化の方向に対して、政党がそれを阻止するように動いたかという点が重大な問題となります。歴史の現実を見ると、どうもそうは言えないようです。逆に忠誠競争をあおることで、それを推し進めたことは否定できません。

二大政党によって政権交代が行われた当時、野党が与党を攻撃する材料としたものは、一つは汚職という腐敗の問題であり、もう一つは反対党が国家に対して忠誠心に欠けるという非難でした。民政党は、田中内閣の与党である政友会が「人民の名において厳粛に宣言する」と第一条にあることから、不戦条約を批准することはけしからんと言った。一方、政友会は、その後政権についた民政党の外交が軟弱外交であると言って、非難する。このような政党間の忠誠心を巡る批判の応酬は、軍部や在郷軍人会、あるいは民間右翼の対外強硬論の姿勢をさらに促進する影響を及ぼすことになります。つまり、一九二四年の第二次加藤高明内閣から一九三二年まで八年間の二大政党の時代は、両政党自身の他党への汚職批判および愛国心の不足に対する批判によって、政党政治への信頼を失わせ、右傾化への力に対する抵抗力を弱める結果となりました。一九三二年の五・一五事件で政党内閣制が終わりを告げたことは、そうした風潮の帰結でもありました。

その後の政党によるみずからの影響力低下の例として挙げられるのは、一九三五年岡田啓介内閣当時の天皇機関説に対する態度です。そこでは、右翼、あるいは在郷軍人会から攻撃されたことに対して、与党ともいえる民政党も含めて、十分な抵抗をすることができなかった。そして、国体明徴運動（天皇機関説排撃を目指す運動。最終的に政治の主導権をとろうとした立憲政友会及び軍部、右翼団体などが岡田内閣に迫り「国体明徴声明」を出させた）という形での天皇機関説への非難に同調することになったのです。

さらにその後、一九四〇年、米内光政内閣当時の民政党議員である斎藤隆夫の、いわゆる反軍演説というものがあります。これは内容から見て決して反軍反戦というものではなく、中国での戦線拡大に対するきわめて合理的な疑問の提示でした。にもかかわらず、言論自由擁護のために議員除名に反対した議員は全体のわずか七名で、その他若干の議員が棄権という形で反対の意志を表明することしかできなかったのです。その結果、斎藤隆夫は圧倒的多数によって除名され、議席を失うことになりました。最終的には、大政翼賛会への流れが支配的と見た各政党は自ら競って解党して世の中の批判をかわし、それによって将来、大政翼賛会の中で主導権を取ろうとしました。この結果、政党はその役割に自分自身で終止符を打つことになったのです。

もう一度確認しておけば、現地軍の暴走が発端として最大の要因であったことは言うまでもありませんが、それに対して中央政府が適切な対応をとることができなかったのはなぜかが重要な問題です。その主たる責任は中央政府にあり、その政策決定に当たった閣僚に責任があることは当然としても、その際に政党・官僚という組織が、世間の風潮から独立して十分に政策決定の機能を発揮しなかったことも間違いありません。

確かに、旧憲法の下では統帥権独立（統帥、すなわち天皇のみに陸海空軍への命令権が認められたこと。実際には天皇の意志を代理しているという名目での軍の独断行動が可能となり、政府や国会が介入できなくした）が認められていたから、軍部の発言権は大変大きかった。しかし、現実に起こったのは、軍部が全体として軍国化を推進したというより、出先の将校が勝手に戦線を拡大し、中央政府は軍を含めて、それに引きずられたということでした。具体的にいえば、一九二八年の河本大作大佐による張作霖爆殺事件、一九三一年九月一八日の石原莞爾中佐らによる柳条湖の満鉄爆破工作による満州事変の開始という事態に対して、河本大佐は本来なら殺人犯なのに、行政処分があっただけでした。石原中佐は、後に東條英機と対立して辞任することになりますが、当時は昇進さえしています。

さらにその後、関東州と南満州鉄道付属地を守備していた関東軍が万里の長城を越えて南下してくるのは困ると、支那駐屯軍（天津軍）が増強されました。しかし、今度はその天津軍が勝手に戦線を拡大するという形で、出先軍部の暴走の連鎖が起こります。

このような暴走を抑えられなかったのは中央政府の弱腰によるものですが、それを強いたのは世論という面倒な存在です。実は政府自身が長期的な展望を持つことができず、自分で作り出した、その時の世論に動かされたということが現実でしょう。

ここで念のため、この章での私の力点のおき方を再確認しておきます。ここでの課題は、歴史家として一五年に及んだ過去の戦争の原因を広く論じることではありません。あくまで今日の視点からみて、過去の戦争に至る過程から何を学ぶかでした。したがって現在と異なる天皇主権の下での政治構造の全体を論じることはしませんでした。すなわち、現在の状況と共通している面に光をあてて、今日の視点から何を学ぶべきかを明らかにしたかったのです。その視点からみれば、政府が排外主義的愛国心を煽った結果、生み出された世論が、逆に政府の政策決定の範囲を限定することになったという点が注目されたのです。それは、今日でも同じような悪循環が起こる可能性があるからです。主権在民の憲法体制化にある今、どのようにしたらその悪循環を防ぐことができるかについては結章でとりあげます。ここではそれを考える前提として、政府の対外政策と世論との間にみられる相互規定の関係を明らかにしたかったのです。

その例はいくらでもありますが、一つだけ挙げておきましょう。満州事変に対する批判が国際連盟で大きくなったことに対して、連盟脱退という対処をとった政策については、政府も脱退演説をした松岡洋右《ようすけ》も自信があったわけではありません。松岡自身、脱退に対して世論の批判が強いことを恐れて直ちに帰国するのをためらい、しばらくアメリカで様子を見ていました。しかし、帰国した際に国民的英雄として歓迎を受けて、驚き、かつ喜ぶことになりました。

もちろん、このような世論の背景として、大恐慌後の経済的困難の中で、満州国に生命線という名で新しいフロンティアを作り出そうという期待が大きかったことも否定できません。とにかく軍部出先の暴走を日本の膨脹拡大として歓迎するムードがあったことが、暴走者の処罰を見送った大きな要素であったことは疑いないでしょう。

そのようにして拡大する戦線が、やがて日本を破局に導くことになるのですが、次に世論の形成に対するメディアの役割について検討することにしたいと思います。

治安維持法以後の思想言論統制

戦線拡大に貢献した出先軍部の暴走を歓迎するような世論を作り上げたというのが積極的な要因でしたが、それを詳しく見る前に、消極的要因として、国民から思想言論の自由を奪った一連の政策に注目しておく必要があります。

治安維持法が三・一五、あるいは四・一六という一連の検挙で、共産主義者を一掃したことはいうまでもありません。その際に見ておくべきことは、二八年の治安維持法改正です。これは、一般に最高刑を死刑にしたという点が注目されますが、実はこの法律によって裁判で死刑になった者はいません。そのかわりに、一九三三年に築地警察署の拷問で作家の小林多喜二（日本の代表的プロレタリア文学作家。『蟹工船』は特に有名）が虐殺されたことに注目すべきでしょう。ここには裁判によって死刑にする必要もなく、共産主義者のような「非国民」を生かしておくわけにはいかないという警察当局の考え方が示されています。

二八年の改正で注目すべきは、「目的遂行罪」を加えたことによって、共産主義組織に「加入」した者だけでなく、関連団体に関係した者も対象とされるようになった点です。具体的には、第一条に、新しく「結社の目的遂行のためにする行為を為したる者」が加えられました。その結果、一九二八年から四〇年の間に検挙された者の数が六万五千人を超えた点に留意しておくべきでしょう（中澤俊輔『治安維持法―なぜ政党政治は「悪法」を生んだか』中公新書、二〇一二年、一二〇頁）。

誤解を防ぐために断っておかなければならないのは、このような治安維持法の影響が直接新聞に及び、それが世論形成に役立ったというわけではないという点です。治安維持法の影響は、直接的には左翼運動に大きな打撃を与えたけれども、後に見るように集団転向や自己規制を含めて知的世界に影響を及ぼし、それが間接的に世論の動向に影響を与えたと見るべきでしょう。

戦争拡大に向かわせた世論はどのように作られたか――メディアの役割

新聞について言えば、新聞紙法では事前検閲は行われないことになっていました。むしろ、新聞の側がトラブルを防ぐために、取締当局の意向を事前に承知して、その方向で紙面を作ったということが現実であったようです。

それでは、新聞が愛国心をあおる方向での世論形成に貢献したのはなぜか。端的にいえば、販路拡大競争の結果でした。具体的に見てみましょう。軍部出先の暴走について多少の疑問があっても、その事実を確認し、自信を持って報道するには時間がかかるし、その報道が逆に読者に嫌われることになるかもしれません。それよりも速報性を重んじて、他社に負けないように早く軍部の発表したこと、例えばどの町を占領したというようなことを報道する方が大切だったのです。そこで、しばしば号外合戦ということが起こっていま す。

このような傾向が生まれたのはなぜか。明治時代の大新聞（小新聞に対していわれる）には、堂々たる論説が載っていたし、大正デモクラシーの時代には藩閥政府への批判や、民本主義論のような権力批判的な言説がありました。しかし、大正末になると、寡占化した全国紙は大企業になっており、そうした役割は期待できなくなったのです。

事実、朝日新聞、毎日新聞、読売報知の全国紙三紙の発行部数は、一九三一年までは四百万部程度でした。しかし、満州事変以後急増し、三七年の日中戦争勃発当時には七百万部に迫り、太平洋戦争開始の年には八百万部を上回る、というように、約十年間で倍増しています。

二・二六事件で朝日新聞は反乱軍によって襲われ、活字がひっくり返されるというような目に遭いましたが、重要なことは購読者数でした。その意味で新聞社にとって、最も怖いのは不買運動です。この重要さを示したのが、『信濃毎日新聞』主筆の桐生悠々（本名は政次）の退社事件です。『信毎』は一九三三年八月一一日の論説に、桐生悠々が執筆した「関東防空大演習を嗤う」を載せました。これには、近代航空戦では、関東防空大演習でやったバケツリレーなどではとても抵抗できないという、その後の空襲で見事に証明される内容が書かれていました。それに対して、信州郷軍同志会という在郷軍人の団体から抗議があって、謝罪に応じない場合には「断固不買運動をする」と脅かされます。結局、社長は謝罪し、悠々は辞任することになりました。

このような目に遭わないために、そして、販路を拡大して厳しい競争に勝つためには、「国益」を代表する面での競争、すなわち忠誠競争をすることが必要だったのです。挙国一致、戦意高揚のため、政府と協力する新しいメディアとしてのラジオの普及も影響していました。速報性において優れているラジオで、大本営発表という形で陸海軍報道部長がマイクの前に立つことが定例化されてくると、新聞も負けじと愛国心を煽る報道で販路を拡大しようとします。

このようにして、メディアで報じられるものは、「おもて言葉」として「国益」にかなう定型化されたものとなっていきました。一方、本心を示すのは、せいぜい「裏言葉」として造言蜚語で、取り締まりの対象になりました。

ここで、造言蜚語の取り締まりがいかに恐ろしいかという話しを少ししたいと思います。太平洋戦争が始まって間もなくの頃で、私が高校一年のときのことです。たまたま学校からの帰り、電車の中で、朝日新聞論説委員佐々弘雄の当時まだ中学生だった息子・克明に会いました。そこで、彼が私に、「この戦争で負けたら、天皇は退位ですね」と言ったのです。私は即座に周りを見回して、誰か聞いている人はいないかと確かめてみると、幸いにして誰もいなかった。そこで急いで、話題を変えました。当時はこの発言だけで、警察や憲兵に連行される危険性があったのです。造言蜚語の取り締まりの恐ろしさを、そのときつくづく感じました。

それについてはまた後日談があって、佐々克明の同級生に、緒方貞子（国際政治学者。二〇〇三年より国際協力機構［JICA］理事長）の連れ合いで緒方四十郎という、戦前の朝日新聞主筆から戦後政治家になった緒方竹虎の息子がいますが、彼も同じようなことを経験したようです。緒方四十郎が緒方竹虎に、「どうも、佐々は危ないぞ。あれは気をつけた方がいいですよ」といったので、今度は佐々が自分の息子に、「おまえ、そんなことをよそで言うもんじゃない」と言ったと緒方四十郎の回顧録に書いてあります。

知識人の役割は既成事実の正当化に終わった

軍部の出先の暴走を抑えることができず、中央政府が戦争の拡大を防げなかったことは、世論に配慮したためだった。その世論を作り上げるうえで重要な役割を果たしたはずのメディアが、実は世論におもねって販路拡大を目指していたのだとすれば、一体世論を作り出した主体はどこにあったのか。ここで知的な活動に携わったと考えられる知識人の役割を見る必要があります。

詳しくはこれから述べますが、結論的にいうと、彼らは主体的に世論を形成したというよりは、前述のように、既成事実に対して事後的に正当化する役割を果たしたように見えます。それならば、なぜ、世論は拡大する戦争を支持し、時と共に強い愛国心を主張するようになったのか。それは制限された言論の自由の範囲が狭くなっていく中で、忠誠競争を行うことによって、ますますその範囲を狭くするという悪循環が起こった結果なのです。その過程を少し具体的に例示してみましょう。

活字を使う表現形式でも、総合雑誌や単行本は新聞に比べて、よりあとの時代まで多様性を保っていました。それは新聞のように大企業が経営しているのとは異なり、より独立性の強い小企業が経営主体であったことにもよります。例えば、岩波茂雄という人は、いわば個人企業として岩波書店をやっていたわけで、大企業の新聞とは違います。ただし、そのかわりに、読者数はきわめて少なく、新聞の購読者と比べれば、恐らく二桁も三桁も違うでしょう。

こうした違いがあっても、変化の方向としては出版に関してもやはり同じで、自由が制限されると、その狭くなった範囲で愛国心を高揚させる方向に進んでいきます。私が学校生活を送っていた間でも、図書館から次々に左翼文献が消え、やがて河合栄治郎のような自由主義者の本も消えていきました。さらに、津田左右吉のような本までが撤去される。その際、年を取った図書館の司書が、「この本まで引っ込めなければならなくなりました」と寂しげに言って、鍵のかかる部屋に運んでいく姿を今でもはっきり覚えています。

総合雑誌は、一九四二年からの横浜事件（次に挙げた二誌をはじめ、「共産主義の偽装宣伝」と認定された掲載論文に関わった編集者、記者ら約六〇人が逮捕された事件。半数が有罪となり、四人が獄死している）で、『中央公論』と『改造』が廃刊させられ、最終的に消えてしまうことになりますが、そこに至るまでに執筆者である知識人たちは徐々にその論調を変えていきました。その変化は、すでに一九三三年、佐野学（社会主義運動家。非合法政党だった日本共産党で中央委員長を務めたが、鍋山貞親と連名で獄中で転向を声明、天皇制下での「一国社会主義」を唱えた）と鍋山貞親（同じく日本共産党の幹部。佐野学とともに転向、戦後は反共運動の指導者となる）が「緊迫せる内外の情勢と、日本民族およびその労働者階級—戦争および内部改革の接近を前にして、コミンターンおよび日本共産党を自己批判する」という長い表題の文章を獄中で発表した時から始まります。この文章は「民族およびその労働者階級」というところがみそで、つまり日本の労働者階級は天皇制を支持している、民族は天皇に従属するということを言いたいわけです。「内部改革」というところは、「革命」と言えないので、「内部改革」としました。この文章が発表されたことで、共産主義者の雪崩のような集団転向が引き起こされました。

共産主義が言論界から姿を消したあとは、自由主義者が排除の対象になります。その典型が河合栄治郎で、彼は一九三一年には、蝋山《ろうやま》政道（民主社会主義を提唱した政治学者、行政学者）と一緒に文部省学生思想問題調査会委員をやっていて、学生の「思想善導」、つまり「赤（共産主義者）」にならないための指導に当たっていました。その河合栄治郎が、二・二六事件に際して軍部の武力による政治への介入を批判した雑誌論文を収めた『時局と自由主義』など、四冊の本が三八年に発売禁止になりました。その後、河合は三九年に東大を休職になった後、出版法一七条、「安寧秩序をみだすもの」という条項に違反するとして起訴され、四三年に有罪が確定しました。

このように、取り締まりの対象はマルクス主義から自由主義に及ぶことになりました。

しかし、知識人の発言は、総合雑誌の上で見る限りでは必ずしも衰えたようには見えず、ある意味では活発化した面もあります。それは一九三六年、当時人気上昇中の近衛文麿のブレーンと考えられていた有力な知識人たちが昭和研究会を組織し、彼らが主要な執筆者として活発な議論を総合雑誌において展開したからでした。昭和研究会の設立趣意書には、「朝野の全知能と全経験とが総動員され」るための「礎石として、広く官僚、軍部、実業界、学界、評論会等、各方面の意志を十分に疎通せしめ、その経験と識見とを打って一丸とし、綜合的協力を以て真の国策樹立に当たるべき研究機関」と謳われていたのだから、世の注目を集めたのも当然のことでした。

昭和研究会の文化面を担当する幹事であった三木清が、一九三八年六月号の『中央公論』に載せた「知識階級に与ふ」という論文が、当時のこの研究会の空気をよく示すものといえるでしょう。その中で「現実の問題の解決に能動的に参与することがインテリゲンチャにふさわしいこと」だと述べています。さらに「日本の行動的現実の批判的肯定から」出発すべきだといって、批判の面も強調しています。果たして、この批判的肯定による能動的参与は、政治を動かすことができたでしょうか。近衛文麿が決断力のある強力な政治指導者ではなかったこともあり、そのブレーンの参与が政治的に影響力を持ったとは思えません。少なくとも、軍国化する現実への批判という面で、役割を果たしたとはいえません。

三木清自身が、ある意味で転向者であったように、昭和研究会の多くの知識人の間に共通していた傾向は、階級対立から「民族共同体」あるいは「国民協同体」へと力点を移すという点でした。「協同主義」という言葉がしばしば使われ、それは個人主義、自由主義に反対し、営利主義、その他資本主義の害悪には反対するが、階級間の対立にも反対するという姿勢を示していました。

協同体論の強力な主張者の一人である蝋山政道の場合を、例として取り上げます。蝋山は、「国民協同体の形成」(『東亜と世界』改造社、一九四一年所収)で、次のように書いています。「私は近代政治学の対象であった国家の概念に対して、現代政治学の対象として、国民協同体の概念を置かんとするものである。国民協同体は『国家』よりも一歩深く、根源的な意味における人間生活の存在形態たる民族、又は国民に近接して、その意味、又は目的の充実を確保すべき新秩序」である。具体的には「挙国一致」とか「国民精神総動員」「万民翼賛」というような倫理的・道義的なスローガンによって、国民的課題の解決を企画しつつあるものだと述べています。ここでは国家権力に対する批判的な視点が全く消えてしまい、国民協同体の道義的なスローガンによる国民統合というものが期待されているのです。

もっと恐ろしいのは東亜協同体のほうです。権力の正当化にとってより重要な課題を果たしたのは、蝋山をはじめ多くの東亜協同体論者の言説でした。彼らの言うところによれば、欧米帝国主義のアジアに対する政策が権力による支配であるのに対して、東亜協同体はそもそも対立を含まない、兄弟のような関係の間での協力であると主張することによって、軍事行動さえも正当化しようとしたのです。

「近代の超克」と西欧観の問題

このような権力の倫理的正当化の論理を支えていたものは、近代西欧批判です。当初は、『西洋の没落』を著したドイツの歴史学者オズヴァルト・シュペングラーのような思想家の言葉を借りて、西欧の近代思想を批判しました。やがて、西欧対日本という対抗図式から、日本固有の思想こそが帝国主義を含む近代西欧の矛盾を克服する道だという理論が展開されることになります。その際に、例えば道徳的エネルギーという「モラリッシェ・エネルギー」のようなドイツの思想を借りてくることも、例えば高坂正顕（哲学者。専門はカント哲学）といった京都学派の場合にはありましたが、基本的には日本固有のものが重要になります。

一度このように閉鎖的な同調性の枠がはまってしまうと、あとは、「八紘一宇《はっこういちう》」（『日本書紀』の中の一文を四字熟語風に縮めて作られた言葉で、「道義的に天下を一つの家のようにする」といった意味）から「撃ちてしやまむ」（神武天皇のものとして伝わる言葉からとられた標語。「敵を打ち負かすまで徹底して攻撃せよ」の意）まで、何でも日本の古典から引き出してきた言葉による支配が展開されます。そこではもはや、論理的な言葉の世界で批判する余地はなくなる。この世界で議論するには、「おもて言葉」として認められたものを使うよりほかは許されません。私を含めた多くの若者は、そのうちに「裏言葉」をも失わされることになります。

このような世の中の圧倒的な空気の中で、自分の言葉を維持することはなかなか難しい。それができたのは、一切の公的発言をせず、一人で自分の日記に自分のことばで表現を続けていた作家の永井荷風やジャーナリスト清沢洌のような、きわめて少数の知識人だけでした。

ここまで、戦線の拡大という既成事実による世論の軍国化とその世論への政策の追随という循環の恐ろしさを見てきました。その上で最後に耳を傾けるべきは、ほとんどただ一人、戦時中の言論の責任を取って、朝日新聞を辞めた武野武治《むのたけじ》の次の言葉です。

「戦争は始めさせてはだめだということです。始めてしまってから、『ああ、こりゃひどい。こんなことになるのなら』といって、やめさせようとしても、やまないんです。やらせないためには何が必要なのか。簡単なことです。現実の世界で何が起こっているのか。アメリカが、中国が、あるいはロシアが、その他の国々が何をやっているのかという現実を、これを正直にお互いに知らせ合うことですよ」（ＮＨＫ取材班編『日本人はなぜ戦争へと向かったのか』下巻　ＮＨＫ出版、二〇一一年、三八頁）。

この忠告を今日どう受け止めるかは第五章の課題に残して、再び私の個人史に戻ることにしましょう。

第三章　軍国青年の誕生と軍隊体験

東洋永久平和のための事変への支持

私は、左翼からしだいに軍国青年になると同時に、今度は欧米帝国主義への憎悪を駆り立てられていきました。そこでは、資本主義問題の解決といって左翼少年が引き寄せられていた面から、欧米帝国主義を克服するための軍事力が必要だという面に重点が移っていきます。つまり、資本主義の害悪と考えられていたものも、結局欧米帝国主義に由来するものであり、東亜を欧米帝国主義から軍事力で解放すれば、すべての矛盾は解決されると考えるようになったのです。

そして、すでに述べたように、東亜の統一は道義的協同体としての東亜協同体の建設という方向に引きずられていきます。欧米帝国主義は権力による支配ですが、東亜協同体は倫理的な支配、つまり兄弟の関係であるという論理がいつの間にか私の中にもしみ込んでいました。軍事的支配を認めるのではないが、道義的支配としての東亜協同体を支持するという立場になったのです。南京大虐殺も敗戦後の東京裁判で知らされるまでは知らなかったし、石川達三の小説『生きてゐる兵隊』も、掲載された『中央公論』が手に入ったときにはすでに切り取られていて、読むことができませんでした。私自身、中国で日本軍がどのような行為をしていたかについては意識したくないという面もあったかもしれません。というのは、当時すでに南京への行軍過程でどちらが早く中国人を百人斬るか、陸軍将校が競争した「百人斬り競争」というような報道もあったわけで、日本軍が中国で人を殺していたことは知っていたはずなのです。しかし、その方向ではなく、道義的な協同体、倫理的なものとしての東亜共栄圏という方向に、希望も込めて引きずられていったのでした。その点に関しては、蝋山政道をはじめとした当時の政治学者も、東亜協同体を「権力的なものではない」と言ったことについての十分な責任を取る必要があります。

こうして、私自身は愛国青年にはなったものの、軍国主義を支持するつもりはありませんでした。しかし、東亜協同体を支持することによって、結果的に軍国青年になっていたのです。

これまで当時の主要な言論人の誘導によって、私がどのような知的な過程で戦争肯定に至ったかを見てきました。しかし現実の圧力としてもっと大きなものは、日常的な行事などで示される社会的な同調性の強さでした。その面を次にみていくことにします。

国民精神総動員への雪崩のような急変

こうした中で、一九三九年に国民精神総動員委員会（近衛内閣の提唱する「国家のために自己を犠牲とする滅私奉公の精神」を国民に浸透させるため作られた委員会。パンフレット、宣伝映画、ラジオなどを用いた宣伝に努めた）が発足します。その頃から、隣組（一九四〇年に国によって制度化された市民の自治組織。五～十世帯を一組とし、団結して戦時の動員や物資の供出、防空活動などを行った。思想統制や住民同士の相互監視の役割も果たした）という草の根の組織から、青年団、婦人会、各産業組織全てに至るまで、総動員が始まっていきました。興亜奉公日というものが毎月一日にあって、皆で集まって「戦争を戦い抜きましょう」ということになった。これは一九四一年一二月八日に太平洋戦争が始まった後、四二年一月から廃止されます。そして今度は毎月八日が大詔奉戴日《たいしょうほうたいび》になって、戦時体制への国民の総動員がさらに強化されていきます。バケツリレーで空襲に備えるという隣組の行事があったり、出征兵士を送るということで、日常生活の中でお互いの間の監視が厳しくなっていきました。その中で、「一億一心」、あるいは「一億一列同心」などのスローガンのもとに、忠誠競争が同調社会の中で起こってきます。

少し戻りますが、一九四〇年に近衛文麿の記者会見での声明に端を発した新体制運動が始まると、「バスに乗り遅れるな」といって、政党はすべて解散しました。結局それは新党をつくる運動ではなくて、行政の補助機関になり、全ての団体は大政翼賛会という行政補助機関に統合されるということになってしまいます。それが恐るべき不寛容さを生んで、全ての国民を相互監視し、「あいつは非国民だ」ということになると、その人が社会から排除され、大変な目に遭うという時代になってしまったのです。

「鬼畜米英」と言われながらも、一度も米英人を見たことのなかった女性が、白人の捕虜が強制労働で手荒く扱われるのを見て「おかわいそうに」と言ったため「非国民」と非難されたという噂が広く聞かれました。これは、近代日本で長くみられた西洋崇拝と、そのうらがえしとしての排外主義との複雑な心理を示していますが、同時に同調性をみだす態度への非寛容さを示す例だといえるでしょう。

そのあたりの過程は様々な事実から詳しく説明できますが、何より怖いのは同調社会の駆け足型の忠誠競争です。今日の言葉で言えば、「空気が読めないのは危ない」ということになりますが、世の中の空気に合わせて、流されていってしまうということは、今日においても大きな危険であるといえるでしょう。

学徒出陣の決定と大内兵衛・大川周明への挨拶

一九四三年秋、文化系の学生に対しては徴兵猶予を認めないという決定が東条英機首相によってなされました。私はそのとき、これは当然のことで、学生であるがゆえに国民としての義務を果たさないのはまずいと、徴兵を嫌う気持ちはありませんでした。しかし、逃げようと思えば、逃げることはできました。例えば、当時私は高校で文科の三年でしたが、同級生で、文科から新潟医大に入って、理科だということで徴兵を逃れた人もいます。

しかし、実際に徴兵検査を受けることになってみると、どうしても人を殺す勇気はない。少なくとも銃剣で突いたり、刀で斬ったりして殺すことはできません。そこで、海軍であれば軍艦に乗っているので、遠くで人が死んでくれるし、自分が死ぬときには軍艦と一緒に沈んでしまうのだから腹を切らなくてもよいのだと考えます。加えて、もともと陸軍は嫌いで海軍の方が好きだったこともあって、海軍を志願しました。ところが、体重が四九キロしかなかったため、とてもではないが海軍はだめだということで、陸軍になり、東京湾要塞重砲兵連隊に配属されることになりました。要塞重砲だから、近くで戦闘はせず、海軍と同じだと思って喜んでいたのですが、実際にはそうではなかったことは後で分かりました。

当然、生きて帰ることは予想されなかったので、父が出征前にできるだけのことをしてやりたいということになりました。それで、実は父も見たことがなかったらしいのですが、生まれて初めて歌舞伎に連れていってくれたりしました。その過程で大事な記憶として残っているのは「自分の二人の親友に会っていってくれ」といって、それまで家にはたびたび来ていて、よく会っていた二人のところに連れていってくれたのです。ひとりはマルクス経済学者の大内兵衛《ひょうえ》、もうひとりは国家主義者の大川周明という、正反対と言ってよい思想を持った二人でした。戦後、竹内好《よしみ》（中国文学者、文芸評論家。魯迅研究、日本文化およびアジア論や日中関係についての言論でも知られる）にこの話をしたことがあるのですが、公刊された彼の日記の中に「天皇制官僚のバランス感覚に驚いた」と書いてありました。とはいえ、父は別にバランスを取るために大内・大川とつきあっていたわけではありません。たまたま熊本の第五高等学校で二人と親しい友人だったということで、父が亡くなるまでつきあいが続いていたのです。

実は父が警視総監になったときに、「大川は、ちょうど五・一五で捕まって獄にいるから、捕まえる必要はない。けれども大内はどうも危ない。自分の在任中に彼を捕まえるようなことになったら、困る」としきりに言っていました。そうしたら、警視総監を辞めて約一年たった一九三八年二月一日に大内兵衛の家から電話があったのです。「今朝、淀橋署に留置された」ということで、すぐに淀橋署に飛んでいって面会しました。その時、大内兵衛は人民戦線事件で検挙されたのですが、もし警視総監を辞めないでいたら、父が大内兵衛を捕まえることになったかもしれません。

それ以上に父を驚かせたことは、逮捕者に対する処遇でした。父親は几帳面だったので、警視庁管内の全警察署を回っていて、自分は警察署のことを全て知っていると思っていました。しかし、大内兵衛が留置されている淀橋署に面会に行ったら、自分が今まで全く知らない状況があった。つまり、強盗や殺人の逮捕者と一緒に、親友で、それも東京帝国大学の教授である大内兵衛がすし詰めの留置場にいるということに、びっくり仰天したのです。そのときに大内兵衛は、「日本という車が右に急カーブを切っているので、危ないからはねられないようにと思って気をつけていたが、とうとうはねられたよ」と父に言っていたそうです。

父はすぐに警視庁に行って、「こんなむちゃな待遇はない」と言って怒りました。そのときの警視総監は警視庁の初代特別高等警察部長で、後に内務大臣になる安倍源基でした。安倍はもともと右翼なので、思想犯にはあまり同情的ではありません。しかし、先輩の言うことだから、「何とか考えましょう」、「淀橋署は混んでいるから、早稲田署に移すことにする」と、大内兵衛を早稲田署に移した。するとその後早稲田署の署長がたまたま南原繁（政治学者、東京帝国大学第一五代総長。理想主義、自由主義に基づく政治哲学を確立）の教え子になったため、処遇が急によくなり、大内は署長応接室で新聞を読んだり、書を書くことができました。そのときに大内兵衛が書いた書が数年前に出てきて、「早稲田署において」と書いてありますが、これは同じ署に留置されていた治安維持法違反で捕まった人に与えた揮毫《きごう》です。

その後、大内兵衛は無罪になり、東大を辞めて大原社会問題研究所に入りました。そこで、私と父は最初に新大久保の大内の自宅を訪ね、一緒に大原社研に行きました。大原社研は普通のしもた屋のようなところで、出欠を示す赤札と黒い札の所員の名前がずらりと並んでいる部屋で、大正時代に関西でストライキをやったときに配ったビラなど、いろいろな資料を見せてもらいました。「今頃、こういうことを研究している人もいるのだ」と思い、感慨深かったものです。

一方、大川周明は「大川塾」と呼ばれる、アジアの諸言語を教えてアジアの諸地域に情報要員として派遣する養成学校を開いていました。それが大崎にあり、そこに訪ねていきました。大川は右翼であり、特に太平洋戦争が始まったときに「米英東亜侵略史」という連続ラジオ番組を日本放送協会（今のＮＨＫ）でやっており、それが出版されてベストセラーになっていました。そこで「激励してくれるのではないか」と思って行ったところ、「東条というのは大ばかものだ」と言うのにはとても驚きました。その理由はふたつあって、ひとつは朝から面会に来た人の名刺を並べて、メモを取っていることです。「そんなことは秘書官がやることで、もっと大事なことを考えなきゃいかん」ということでした。これには他の人のいろいろな論評があって、局長としては有能だったというような論もあります。もうひとつは、このほうが私にはショックだったのですが、汪兆銘（孫文の側近として国民党の要職を務める。蒋介石と対立して、日本と連携した）を引っ張り出して南京国民政府を作ったのですが、その処遇が悪いということでした。立派な建物は全部日本軍が使っていて、汪兆銘には避病院と言う、かつての伝染病病院の建物に政府を置かせている。そのようなことで民心をつかむことができるはずがなく、「大ばかものだ」と言っていました。

ところが、私の後ろには次に面会する参謀肩章を付けた陸軍の軍人が二人、軍刀をまたの間に挟んで待っているのです。私は、その話を聞いた軍人たちが怒って彼に切りつけるのではないかと思い、はらはらしながら聞いていました。その一方で、支持していた東亜協同体のための戦争に参加すべく、徴兵検査を受けて軍隊に入るというのに、初めて「これは一体、どういうことだ」という懐疑心がわき上がってきたのです。それは一九四三年一一月の半ばで、あとは一二月一日の入隊を待つばかりの時でした。

総力戦の最末端としての内務班

軍隊という組織は想像していた以上に、非合理で、非情な世界でした。しかし、「軍の主とするところは戦闘なり」と、『作戦要務令』という軍隊の教科書に書いてある。そこでは戦闘目的のために必要な人材を養成するためには、いつでも命令があれば、どこでも誰でも殺せるような人間を作るということが目的になります。そうした目的合理性からすれば、命令の当否を論じたり、その理由を問うことは間違ってもあってはならず、『軍隊内務令』という教科書で厳重に禁止されていました。

命令に絶対服従する人間を作るためには、日常生活における一切のプライバシーを奪い、理由を考えずに同じ行動を取れるようにするという習慣づけが必要になります。例えば便所に行く場合でも、出入口で一五度の敬礼をして、「石田二等兵、便所に行きます」と申告をしていく。そこで「声が小さい。やり直し」と言われれば、何度でもやり直しをしなければなりません。敬礼はなぜ一五度でなければいけないのか。官給品はなぜ一定の形で、一定の順序で整理しておかなければいけないのか。それから、袴下《こした》というズボン下をはくときには、性器を左側に入れろと書いてあるが、これもなぜなのか――理由は一切分かりません。とにかく教科書のとおりにやれ、教科書にない場合には上官の命令に従えということなのです。

軍隊生活の中で、「動作がおそい」とか、そのほか十分納得のいく理由なしに一日に何回も殴られているうちに、だんだん神経がまひして、殴られていること自体は怖くなくなります。しかし、やはり無茶なことは無茶なのです。ある日、靴を磨きながら話しをしていて、「毎日三回殴られて、初年兵教育が終わるまでにいったい、いくつ殴られればすむのだろう」といった兵隊がいました。それを古参兵に聞かれてしまい、その男は一度に何発も殴られて、ついに計算が合わなくなってしまったということもありました。殴ることは認められているわけではなく、公式には完全に禁止されています。ある日、要塞司令官が視察に来て、「初年兵だけ残れ」と、上官すべてを外したうえで「おまえらのうちで、殴られた者はいるか」と聞きました。それで手を挙げた兵隊がいて、その者は何班かを聞かれて、その班の班長は司令官から怒られたようでした。それがたまたま私の隣の班だったので、その夜、隣の班から連発で何発も殴られているのが聞こえてきました。私の班の班長によれば、要塞司令官の息子も学徒出陣で陸軍に入っているので、それで私的制裁という名で呼ばれていた殴ることに対しては、厳しいのだということでした。

訓練の内容自体は、学校教練ですでに相当習っているので、例えば「突撃」と「突け」は同じだとわかりました。ただ「そんなへっぴり腰で敵を殺せるか」と殴られる点が教練とは違っているだけです。中国戦線では、スパイだといって捕まえてきた民間人を相手に、実際に銃剣で殺させることもあったということを戦後に知りました。しかし、私が入隊した時には、内地ですから、「そんなことで人を殺せるか」といって殴られるという程度のことですみました。

もちろん要塞重砲兵としての訓練もあります。例えば観測のしかたで、観測所は周囲がよく見える高い場所にあって、大砲はだいたい低くて陰になっている場所に置かれ、その間を有線電話でつないでいます。そして、三角関数の計算をして、観測所と砲台との関係で修正して、敵艦に向けて撃つ。しかし、実戦になると、線が途中で切れてしまったり、観測所が攻撃されて、潰されてしまうこともあります。その場合には観測器を据え付けて計測し、手旗や無線のモールス信号で、大砲に観測値を送る。そのために、観測のしかたやモールス・手旗信号、大砲の撃ち方なども習いましたが、一番重要なことはいつでも誰でも殺せる人間を作るということでした。

軍隊の編制は大隊、中隊、小隊という単位で、小隊の中は内務班という班に分かれています。内務班が兵隊の生活の単位で、下士官の班長がおり、何人かの古参兵がいて日常の指導をします。内務班で感じたことは、丸山眞男（政治学者。専門は政治思想史。「近代主義者」を自称し、戦後の日本民主主義形成に大きな影響を残す）が言うところの「抑圧移譲」の心理構造が非常によく現れるということでした。つまり、一年先に入った兵隊が次に入った新兵をいじめる。その初年兵が一年たって古兵と言われるようになると、今度はまた次の初年兵をいじめる。そのようないじめが、最後には外に向かっていく。そして、例えば中国の兵隊を殺したり、あるいはスパイと疑われた民間人を殺したりする。そのような形で、抑圧移譲が順々に起こっていき、それで兵隊が心理的バランスを取っていることが、非常によく体験できました。

丸山眞男は「超国家主義の論理と心理」の中で、抑圧移譲による心理的なバランスの取り方について書いていますが、それは彼が内務班で経験したことがそのまま生きているのだと思います。丸山の場合には学徒出陣ではありませんが、私たちの場合は学徒出陣なので、初年兵は皆学徒です。つまり学歴も中学卒業以上ということで、そうすると班長や古参兵たちにはまた特別な心理が働き、「おまえらは裕福な家に育って、楽してきたんじゃないか」となる。そうした心理的な意識が殴るときに、出てくるわけです。他面彼らには、私たち学徒兵の肉体的・精神的ひよわさに対する軽蔑もあったでしょう。私は体力が弱いことは自覚していましたが、仲間の学徒兵をみても半病人のような人がいました。毎朝必ず肝油一錠を飲むことから一日が始まるので、私たちは「ブタのように太らせてから殺されるのだ」と自嘲的に話しあっていました。

実際、最初はよく分からなかったのですが、下士官や兵隊は私が知らない社会階層から出てきた人がほとんどでした。例えば班長は、どうもバーテンか何かをやっていたようで、そうした話をするのですが、私の全く知らない世界でした。それから、一人おとなしそうな一等兵がいて、とても穏やかな感じなのですが、みんなから非常に怖がられるというか、大事にされている。よく見ると、小指がないのです。それがどのような意味を持っているか、当時私には分かりませんでした。戦後、やくざ映画を見て、初めて指をつめたやくざだということが分かった。そこでも、いかに自分が世間知らずだったかを思い知らされました。とにかく日本社会の階層秩序の最底辺にみられる抑圧移譲を、内務班が見事に体現しています。そのあたりのことは野間宏の『真空地帯』や大西巨人の『神聖喜劇』という小説に、見事に描かれているので、興味がある方は読んで欲しいと思います。

批判を認めない絶対権力組織の腐敗

「命令に絶対服従せよ」という形で、命令に対して問うことを許さない組織は主体的な支持を得ることはできません。問うことを許さないことによって、思考能力を奪うことになってしまうからです。このような組織を支えていたものは、愛国心による服従です。そうした心情による服従は、主体的な参加とは異なり、批判を許さない。しかし批判を認めない権力は必ず腐敗していきます。しかも、圧倒的な暴力の独占により、軍隊内部だけではなく外の社会でも、反対する者は憲兵がいつでも逮捕・拘束できるという総力戦体制下です。「絶対的な権力は絶対的に腐敗する」という、イギリスのアクトン卿の言葉が、軍隊ではそのまま体現されていました。

私自身のことをいうと、初年兵で毎日殴られている状態から、やがて幹部候補生になり、重砲兵学校の教育を経て将校になると、殴られることはなくなりました。しかし、初年兵教育で養われた「命令への絶対服従」という習慣は残ります。それは制度的に、陸軍刑法で敵前の場合という条件はついているものの、命令に反するものは最高死刑という規定があって、それが軍法会議で実施されることになっていたからでした。ちなみに今、自民党の憲法草案を見ると、新しく「国防軍に審判所を置く」という条項が入っている。これは非常に重要な問題点だと思うし、戦前の日本軍のことを考えると、注意する必要があります。

それ故、将校になっても、何かを問いただすという思考は生まれません。それは、初年兵教育を経ていない、士官学校出身のいわゆる職業的将校を見ていても、同じです。つまりそれは、組織全体の体質から出てきたものだと思います。その結果生まれるのは、組織全体が創造的な思考を失うということで、軍の主目的である戦闘に勝利するためには、心情的な服従だけを信じるという心情主義に陥っていきます。「必勝の信念で行け」ということだけになってしまうのです。戦闘勝利という目的合理性のためにも、本当は創造的思考が必要なのですが、それは期待できません。ただ希望的に勝利を信じて、人命の犠牲の大きさを考えることなく、ひたすら精神主義によって、武器を持って闘う以外にはなくなってしまうのです。ところが、その精神主義への期待は、組織の驚くべき腐敗と表裏一体の関係にありました。それがこうした組織の弱さを示すもので、私の経験は末端の本当に小さな腐敗ですが、恐らくこの種の腐敗が非常に大きな規模で頂点から末端まで軍の組織全体に及んでいたのでしょう。

一つだけ例を挙げると、房総半島の東京湾に面した鋸山のふもとに、三十八センチ榴弾砲という四〇年も前の日露戦争のときに旅順攻略で使った大砲が据え付けられました。その大砲は靖国神社の前に奉納してあったもので、神砲（神の大砲）だという。日露戦争のときも勝ったのだから、「これで勝つんだ」と非合理この上ない、いいかげんな理由で持ってきたわけです。実際には、他に据え付ける大砲がなくなってしまったので、そんな古い大砲まで持ってきたということでした。私の部隊は三浦半島に駐留していたが、出張して、それを据え付ける工事をやることになりました。恐らく、コンクリートもなかったと思いますが、山を崩して平らにして、岩を積んで、兵隊たちが人力で、「えんやこら」と地面を突いて固めて、その上に大砲を載せました。

余談になりますが、その大砲にはなぜか分からないのですが、葵の御紋が付いていました。そして、直径三八センチもある砲弾を手で込めたようで、日露戦争の時は相撲の力士が担当したということでしたが、一九四四年当時には部隊に砲弾を込められる人間はまずいない。試験射撃もできないから、撃てるかどうかも分からないのに、とにかく据え付け仕事をやりました。工事を行うにあたっては、地元で作業員を集めましたが、男性はほとんど徴兵されてしまっていないので、女性がやることになる。作業員の印鑑を預かって勤務表に押すのですが、二重帳簿にして、一方の帳簿では全部出たようにすべてに押し、片方では実際の出欠に応じて押します。作業員の賃金は実際の出席に応じて払われるので、全員出席した勤務表を上に提出し、その分のお金をとってくるのです。

支払いは実際に出席した分だけですから、当然そこに闇の金ができます。そのお金を連隊長が来たときに、料理屋に連れていって、一晩とことん飲ませるために使うのです。私は酒も飲めない、将校になったばかりの小隊長でしたが、とにかく相手をしないといけません。昼間、工事の監督をしているので、腹が減って、飯を食べようと思うと、「人が酒を飲んでるときに、飯を食うやつがいるか」と言われ、連隊長に怒られます。仕方がなく酒の相手をして、連隊長が一升酒を飲むのに一晩つきあいました。それができるのは軍隊が料理屋にお金を渡しているからであって、出席をごまかして作ったお金はそういう形で使われていたのです。

その他にも要塞司令官が来ると、「おみやげに魚と野菜を準備しろ」ということになり、接待のために大変な用意をします。今でも接待は同じようなものかも知れませんが、当時は配給で食べるものもろくにない時代です。そうした状況の中で、飲み食いし放題という接待のしかたがとんでもない腐敗だということは、目の前で見ていてすぐに分かりました。当時のことわざに「世の中は、星にいかりに『闇』に『顔』」というものがあります。星は言うまでもなく陸軍、いかりは海軍で、あとは「闇」に「顔」です。その順番に食べ物が手に入るということは、このことからしても明らかでした。

そうした中で、唯一の救いは実際に人を殺すことがなかったことでした。おまけに、だんだん地位が上がっていくと、実戦から離れていきます。陸軍の階級でいうと、中尉の下が少尉、少尉の下が見習い士官ですが、将校が不足していたので、見習士官だった私は最後には二階級上の中尉がやっていた大隊本部の仕事をさせられていました。そうなると、実際の戦闘はしない。その代わりに、一時間戦闘をすると、一日かけてその戦闘に関する書類を作らなければなりません。自分では戦闘に参加することはなく、とにかく戦闘を書類にします。そして、書類の書き方によって、いろいろな褒美が来るのです。たまたま私の大隊の中の一つの中隊がグラマン戦闘機を一機撃墜したらしいということがありました。それを上手に作文して書いて出したら、殊勲甲という賞状がその中隊へ行きました。そうした形で、上に行くに従って、実際に戦闘するのではなく、書類書きになってしまいます。そのことから想像したのは、さらに上の参謀部などになれば、書類しか分からないのではないかということでした。実際に大本営が長野県の松代に地下壕を掘って、移ろうと計画していました。そこで、一億玉砕と号令を発するような場合にも、戦闘をする身になって考えることなく、書類だけで考えていたのだろうと思います。そうした感覚も含めて、非常に索漠とした思いにとらわれていました。同時に、負け戦だから、自分が人殺しをすることもないだろうと安心したような気持ちにもなっていました。最後は砲台を爆破して一緒に死ねばよいと思っていたのですが、爆薬を背負って戦車の下にもぐり込むという戦術がとられるようになり、最後の一人まで、一人でも多く敵を殺せという方向が明らかになって、不安もありました。

そんな中、敗戦直前になって、大変深刻な問題に直面することになりました。ある時、米軍機が撃墜されて、東京湾にパイロットがパラシュートで降り、海岸をめがけて泳いでくるという情報が入ってきたのです。それを聞いて、おっとり刀で海岸に行ってみたら、住民たちがみんな竹槍を持って、パイロットが岸にたどり着くのを待っている。男性は徴兵されていていないので、だいたい女性と年寄りだから、「殺さないでくれ」と言えば、殺さないでしょう。しかし、「捕虜を捕まえました」と司令部に報告したときに、「おまえのところで殺せ」という命令が出たら、いったいどうしたらよいのだろうかと考えました。

これは非常に深刻な問題です。法学部の学生でしたから国際法の知識も多少あり、捕虜を殺してはいけないことは知っていました。しかし、「こっちでは殺せません」とは言えない。幸いというか、海軍が船を出して、岸に泳いでくる前にパイロットを捕まえていってしまいました。そのパイロットはその後、どうなったかは分かりません。戦争の最後の段階になって、命令への絶対服従の結果として人を殺すという局面が生じ、私自身が決断を迫られるという事態に初めて直面したのです。それまで内地にいて、人を殺す必要に迫られなかったということの最後のツケがいっぺんに回ってきたのでした。

そうした形での思考の欠如が非常に深刻な問題を引き起こしたわけですが、例えば敗戦のとき、「ポツダム宣言を受諾した」という意味を私は兵隊に説明することができませんでした。私は東北大学に入学後、学徒出陣で兵隊になりましたが、東北大学の憲法学は清宮四郎（美濃部達吉門下で、戦後憲法学の権威とされる）という「純粋法学」といわれた方法をとる憲法学者で、オーストリアの法学者ハンス・ケルゼンの、グルントノルム（根本規範）を中心に法理論を形成していた人でした。大日本帝国憲法の根本規範は「天壌無窮の神勅」（天地のある限り、それらとともに永遠不変に続く、神から与えられた命令という意）であるとされ、その前提から話が始まっていました。そこで兵隊に来てしまったわけだから、臣民の権利・

義務などは全然教わっていません。これも後の話になりますが、敗戦後、復員して東北大学に行ったら、新憲法ができる前の四五年の暮れに憲法の講義が始まるというので聴くと、清宮は「今の日本の根本規範はポツダム宣言である」という。そこでポツダム宣言の話を聞いて、「なるほど、ポツダム宣言というのはそういうものか」ということが初めて分かったのでした。

ともかく、ポツダム宣言の意味も分からないままでしたが、復員業務を何とか果たしたいと思っていたところ、東京湾は米軍が真っ先に入ってくるところなので、八月中に砲台から撤退しなければいけないということで、私は早々と八月中に復員することになりました。

私自身の軍隊体験はこれで終わりましたが、少しだけアメリカ軍との比較をしておきたいと思います。復員後の話になりますが、最初、アメリカ軍は民主的な軍隊だと思っていました。その理由のひとつは、勤務外のときには武器を持っていないことでした。そもそも軍刀がないのですが、拳銃も持っていない。もうひとつは、勤務外では、自分が制服を着ていて、制服を着ている上官と会っても敬礼をする必要がないことでした。これを見て、私は大変驚きました。たまたま一九四五年の正月、一時休暇をもらって家に帰り、近くの明治神宮に初詣に行ったことがありました。そうすると、すれ違う人の中に、幼年学校の生徒など必ず軍人がいて、敬礼をしてくる。それに対して、答礼をしなければならないし、向こうから階級が上の将校が来ると、敬礼をしなければいけない。敬礼しながら話をするわけにはいかないので、せっかく家族と初詣に行っても何も話ができず、敬礼ばかりして帰ってきました。それと比べると、民主的な軍隊は違うと思ったものです。

ところが、その後調べてみると、例えば海兵隊の教科書などでは「戦闘中心だ」と、日本陸軍の作戦要務令の「軍の主とするところは戦闘なり」と同じような言葉が出てきます。そして、実際に訓練の様子を見ると、ドキュメンタリーでも出てくるのですが、絶対に命令に服従させる教育をします。実際に海兵隊兵士だった政治学者のダグラス・ラミスによると、殴ることはしないが、目の前に来て、できる限りの罵倒をするそうです。実際、ヴェトナム戦争を題材にした映画『フルメタルジャケット』では、海兵隊訓練所で懲罰やいじめをうけた新兵が教官を殺して自殺してしまいます。ラミスの話を聞いても、アメリカの海兵隊が決して民主的な訓練をしているとは思えません。いつでも誰でも殺せるような人間を作る組織はどこでも同じなのだということが分かりました。戦後の話になりますが、基地の問題も恐らくそれと関係してくると思われます。そのような殺人を任務とする軍人の駐留する所では、性犯罪そのほかの犯罪が起こるのは当然予想されることだからです。

総力戦への経過の総括

全体の過程をまとめると、まず徐々に言論・思想の自由が失われていき、情報から遮断されていくという面によって、思考能力も奪われていく。一方で、徐々に国策宣伝による思想動員が強まっていくという面があって、日本の敵（当時で言えば、米英）を憎むことを強調することにより、理性的な判断を弱めていきます。そして、倫理的な優位性を強調することによって、暴力による支配の矛盾を自覚しないような人間を作っていくのです。この過程は、現在、政府が進める特定秘密保護法によって思想言論の自由を制限し、教育基本法改正によって愛国心を育てようとすることと、方向としては同じように感じます。

戦前はその行き着いた先がいっさいの言論・行動の画一化という総力戦体制だったので、あまりにも極端で、現代で考えると、まさかそこまでは行かないだろうと思われるかもしれません。しかし、実は総力戦体制への道はゆっくりと、徐々に、見えにくい形で進んでいきました。別の言い方をすれば、その動きを止める積極的な努力がなかったことで、いつとはなしに最後は言論・行動の完全な画一化になってしまったということです。そして、結局体制そのものが空洞化して、自己崩壊する以外にはなくなる。しかし、そこまで行ってしまったということは、そろそろとゆっくりその方向に向かっていたときに、適当な阻止手段を講じなかったこととの結果なのです。

最初は、共産党に対する弾圧だから、自分には関係ないだろうと多くの人が思っていました。次には自由主義者への弾圧で、これも関係ないと考えた。そのような形で見逃してきたことが、最後のとんでもない体制になっていきます。それを促進したのが「沈黙のらせん」です。

「沈黙のらせん」というのは、うっかり物を言うと攻撃されると恐れて一人が沈黙すると、それを見た人は発言すると危ないと感じて、自分も発言しなくなる。このようにして沈黙がどんどん広くなっていく傾向を示す言葉です。治安維持法や特定秘密保護法のような思想言論の自由を規制する法律は、直接その適用によって思想を規制する効果を持つだけでなく、発言することを恐れる空気を生み出すことによって「沈黙のらせん」をひきおこす点で、きわめて危険です。

このようにして発表を許される思想の幅が小さくなるということは、許された幅の思想の中に人びとをおしこめ、社会的同調性を強めることになります。そして許された幅の中での忠誠競争もこの強められた同調性によっていっそう激しくなります。その結果、皆がせまい道で争って同じ方向に走り出すような、息苦しい状況が生まれます。

はじめはゆっくりと、限られた人だけが規制されていると思っているうちに、「沈黙のらせん」と限られた幅の中での忠誠競争によって、はじめは予想もしなかったような息苦しい体制が生まれてしまったというのが、昭和のはじめから総力戦体制が出来上がるまでの過程だったといえるでしょう。

第四章　戦後の「短い春」から集団的自衛権容認まで
――戦後研究者としての反省

Ⅰ　敗戦から講和・冷戦へ（一九四五〜一九六〇）

アイデンティティの喪失から軍国青年への成長過程の研究へ

一九四五年八月一五日の敗戦から二、三カ月の間は完全に自分の存在理由を見失って、何を目標に生きてよいかわからないという状態が続きました。やがて、どうも教育が問題なのではないか、だとすれば、小学校か中学校の教師になって、次の世代に二度と戦争をしないような教育をしたらどうかと少し考えました。しかし、それでも自信がもてません。

まず自分がなぜ軍国青年になって、これほどバカな戦争に加担したのかということをはっきりさせなければ、次に進めない。それで、四六年春くらいからしだいに、研究者になろうと考えるようになっていきました。

ちょうどその頃、四六年五月号の『世界』に、丸山眞男の「超国家主義の論理と心理」という論文が載りました。それを読んで、目からうろこが落ちるという感じで、研究者になることを決めました。「超国家主義の論理と心理」を読んで、その時印象に残ったのは、ひとつは政治的な構造面についてのことです。それは、抑圧移譲というかたちで次から次へ抑圧を押しつけていくことによって、精神的な均衡を取ろうとする構造に関するものでした。もうひとつは全体を支える無責任の体系の構造です。果たして、天皇が戦争責任を取ることができるのか。天皇は皇祖皇宗《こうそこうそう》という天照大神《あまてらすおおみかみ》まで行く権威を背負っているということになると、責任はどこまでも曖昧になって、最終的には無責任の体系になってしまいます。さらに重要なのは、イデオロギーの面です。国体イデオロギーとして私が教え込まれたものの中では、権力と倫理がごちゃまぜになっていました。権力的支配の面をみないようにして、その支配を倫理で正当化しており、その区別がついていなかったのだということが、非常に強く印象づけられました。

そこで早速、東大の丸山眞男研究室に行って「研究者になりたい」と言ったのですが、初めは「ウェーバー（ドイツの経済学・社会学者マックス・ウェーバー。西洋文明を他の文明と区別する最大の特徴は「合理性」であるとした。戦後の日本では特に、その合理性の欠如を敗戦の要因とする問題意識から、さかんに研究された）やマンハイム（ハンガリーのユダヤ人社会学者カール・マンハイム。いかなる思想も時代や立場による制約を受けるという知識社会学を提唱。ナチスの政権獲得後、ロンドンに亡命）あたりから入ったらどうだ」というような話でした。結局、一九四七年の丸山ゼミがヘーゲル（ドイツ観念論の代表的哲学者。歴史は世界の支配者である理性的精神の実現へ向けて進化してゆくという進歩史観に基づく歴史哲学を展開）の『世界史の哲学』の序説をドイツ語でやるというので、それに加わりました。

加えて私個人としては、ウェーバーの『宗教社会学論集』第一巻の『儒教と道教』を丹念に読むという仕事を始めました。国体論によって教化された内容を突き詰めたいと思い、対象として明治末の国定修身書あるいは国定教科書を取り上げました。明治末の国定教科書の改定で家族国家観が出てきたところにひとつの鍵があるのではないかと考えて、そこに焦点を置いて研究することにしました。

その研究成果を簡単に言えば、家族国家観はふたつの要素がまじり合ってでき上がったものだということです。ひとつは伝統的な家族主義であり、これは天皇家を総本家とする拡大家族のフィクションによって、祖先崇拝を愛国心へとつなげていくという伝統的な心情の動員です。もうひとつが、西洋から取り入れた国家有機体論です。明治初年に「天賦人権論」を日本に紹介した加藤弘之は、明治一四年ごろから転向して、社会進化論がドイツで新しい学説であると紹介し、それを取り入れました。すなわち強者の権利を主張し、同時に国家を有機体として見ることによって、力と倫理の一体化がおこります。そこから、国家として必要な官僚的支配を支える論拠になりました。これらが私が見た家族国家論で、これがどうも私を軍国青年に育て上げた国体論の中心にあるのではないかと思ったのです。

後になりますが、一九五二年六月号の『思想』で天皇制特集をやった時に、「イデオロギーとしての天皇制」という論文を初めて学術雑誌に寄稿しました。それで私が考えた国体論が明治から敗戦後まで、どのように変化したかをあとづけた仕事をしました。そして、これはまた別になりますが、助手論文に相当する「家族国家観」の形成、それから構造、機能に関する研究は『明治政治思想史研究』という本にまとめて、五四年に公刊しました。

非軍事化政策の下での戦争責任意識

先まで行ってしまったので、少し戻って敗戦時からの社会的雰囲気の中での生活の様子も含めて、もう少し広く見ていきましょう。

焼け跡で多くの人が飢えに苦しめられている中で、皇軍と言われていた日本の軍隊は解体させられました。それまで絶対的な力を持っていた軍、とりわけ陸軍は憲兵がいて、人々の日常生活を規制していたため、憎悪の的になりました。当時は着るものがないので、私は陸軍の軍服を着て歩いていました。海軍の将校の軍服は紺色で、学生服とあまり違わないから目立ちませんが、陸軍の軍服はカーキ色で、おまけに将校は長靴を履かなければとてもみっともない、横にふくらんだ乗馬ズボンをはいています。他に着るものがないから、それを着て毎日東大に通っていたのですが、周りから白い目で見られているという悲哀を感じていました。

当時の世論を見ると、まず東久邇《ひがしくに》内閣（終戦直後の一九四五年八月から一〇月まで続いた、東久邇宮稔彦《なるひこ》王による内閣。敗戦処理にあたって強い求心力が求められた時期であったため、短期間かつ史上唯一の、皇族が総理大臣を務めた挙国一致内閣であった）は「一億総ざんげ」という形で、戦争の責任ではなく、敗戦の責任を天皇に対して感じなければならないものとして、一億の全国民が担うべきだという宣言を出しました。これは軍に対する憎悪が強かった中で、決して浸透したとは言えません。他方、ＧＨＱは次々と改革指令を出しますが、特に軍国主義者の追放は旧指導者層の多くを権力から遠ざけました。そしてさらに東京裁判によって、国際的に戦争責任が追及されることになり、非軍事化と民主化の政策は世論の目立った抵抗もなく受け入れられる状態でした。

ただ、東京裁判はニュルンベルク裁判と違って、例えば米国のキーナンが中心になって検事をやったように、米国主導でした。米国の政策の都合によって天皇が除外されたり、また７３１部隊などは米国が情報をもらったので除かれる。とりわけ重要なのは、インドの判事はいたものの、十五年にわたる戦争で大きな被害を受けたアジア地域、とりわけ直接侵略を受けたり植民地化されたアジア諸国の意向が、十分に反映されなかったことです。こうしたアジア軽視が国内で明確になったのは、一九四五年一二月の選挙法改正で婦人参政権が認められる一方で、台湾や朝鮮半島など旧植民地出身者および沖縄県民の選挙権が奪われたことでした。私自身もそのときにはその重要性に気がつかず、後になって気づいたことを告白しなければなりません。

当時の論調から見ても、例えば『改造』が四六年一月から復刊し、そこに森戸辰男（社会思想家で、衆議院議員や文部大臣も務めた。一九二〇年、東大経済学部の機関紙に載せた論文がきっかけで「無政府主義者」とみなされ大学から追放。戦後名誉回復し、広島大学学長となる）が「平和国家の建設」という論文を載せ、われわれは戦争をもうできなくなった、しかし、戦争ができない国に満足していたのではだめで、戦争を欲しない国にしなければいけない、と発言していたことが非常に印象に残っています。同時に森戸は、われわれは空襲と飢えでみすぼらしい生活に追い込まれたので、同じく生活に苦しんでいる第三世界の代表となることができると も言いました。今から考えれば、これは非常に甘い見方です。第三世界であるアジアの隣国に対し、侵略という加害行為を行ったことを無視して、自分たちも悲惨な生活に陥ったのだから、あなた方の代表になれますと言うのは、非常に虫のいい話だったといわざるを得ません。

「憲法よりメシ」と9条

森戸が言った「戦争をしない国」としての宣言が結局、日本国憲法9条になったのですが、制定当時、私も含めて、どれだけその意味が理解されていたかについて考えてみることにしましょう。共産党を筆頭に、左翼の運動の中では、「憲法よりメシ」というスローガンもあったように、多くの人にとっては基本法としての憲法より、毎日の生活の方が関心の的でした。同じ憲法の中でも、例えば24条の「婚姻は、両性の合意のみによって成立し」といったような部分に直接関係する若者などは別として、全体として憲法への理解と関心がどれだけあったかは疑問です。

9条については、当時の世論調査で（今日の技術からすれば正確な調査ではありませんが）、支持が多数でした。しかし、きちんと考えた上での支持かというと、必ずしもそうとは言えない。1条の天皇制と9条の戦争放棄の関係などは、一部の人は関心があったでしょうが、きわめて限られていました。圧倒的多数の人たちは、9条はいわば戦争に負けた当然の結果であるという程度の受け止め方をしていたのです。そのため、9条について、侵略したアジア諸国への不戦の誓いとして受け取った人は、ごく少数だったと思います。

その他、前文の例えば、「政府の行為によって再び戦争の惨禍が起こることのないやうにすることを決意し」という記述にある「戦争の惨禍」は、自分たちが経験した悲惨な体験だと受け取った人が多かった。私自身にもその傾向があったことを否定しません。つまり戦争の惨禍が一番ひどかったのは日本に侵略されたアジア諸国であることを、このときにどこまで理解したかというと、はなはだ心もとない。これは記憶というものが「近いものよりも遠いものは忘れる。被害よりも加害は忘れる」という原則に従った結果でしょう。

そして、9条の規制力が多くの人の意識に上ったのは、朝鮮戦争で予備隊が作られるようになってからでした。それまでは多くの国民にとって、軍隊の復活などということは現実的なものとしては考えられず、従って憲法9条は当然のことを法文化したものと受け取られていたのです。

「短い春」の終わりと「逆コース」

軍隊の復活などあり得ないと思っていたのに、意外に早い再軍備で、9条への関心が強まることになっていきました。一九四九年の中華人民共和国の成立とともに、アメリカでは、「中国を失った」責任は誰にあるのかと中国研究者が非難されるなどという形で、マッカーシズム（一九五〇年代アメリカにおける一連の反共産主義運動。その契機となる告発を行った上院議員マッカーシーの名にちなむ）が激しくなりました。それが日本にも及んできて、今まで追放されていた軍国主義者が追放解除になり、それにかわって共産主義者が追放される事態（レッドパージ）となり、大学でも追放が噂されるようになりました。そしてイールズというＧＨＱの教育担当者が各地の大学を回って、反共演説をやるというイールズ旋風が吹き荒れました。東大でも「誰と誰とが追放の対象になっているのではないか」といわれ、それも共産主義者ではなくて、自由主義者、例えば丸山眞男なども含めて名前が挙がるような事態になったのです。

こうして、丸山眞男が「短い春」と呼んだように、ＧＨＱの中でニューディーラー（Ｆ・ルーズヴェルト大統領の行ったニューディール政策は、貧民救済や政府の市場経済への積極的関与を含んだ修正資本主義であった。それに賛同する人々をこう呼ぶが、実際のニューディールの思想以上に社会主義的傾向が強い）が非軍事化と民主化を主導していた時期が終わり、それに日本政府も対応して、広範な「逆コース」現象が支配的になっていきました。これに対して知識人の間では、五〇年に岩波の雑誌『世界』で、平和問題談話会がユネスコの知識人のアピールに応える形で平和を論じ、労働界では反共のために作られた総評が平和四原則を唱えるようになりました。両者に共通していることは、基地に反対し、中立非武装で全面講和を目指すということです。

それにしても、五〇年の朝鮮戦争に伴う警察予備隊創設は、憲法9条に明らかに反する事態を占領軍自身が命令したということで、驚きの反応が一般でした。自衛隊も「税金泥棒」と呼ばれたり、この憲法上疑義のある組織の構成員は、何を精神的支柱としたらよいか分からない事態が続きます。そんな中、五三年の池田・ロバートソン会談（ワシントンのアメリカ国務省にて、自由党政調会長だった池田勇人とウォルター・ロバートソン国務次官補の間で行われた会議。戦後の日本の安全保障に関する厳しい折衝が行われた）で、アメリカ側から愛国心育成が求められた。これは従属的国家主義育成という矛盾をはらんだ方向性を象徴する事件といえるでしょう。愛国心を養成することによって予備隊の精神的支柱を作って、それを日米軍事協力の支えにしようというような動きだったわけです。後になって岡義武（東京大学名誉教授。専門は国際政治史および日本政治史）編『現代日本の政治過程』で「再軍備への起動」という章を担当した際、当時得られる資料で分析しましたが、予備隊の内部に入って調査をすることはできませんでした。その結果、私の分析はきわめて漠然とした内容にとどまり、将来的に予備隊がどちらの方向にどのような速度で進んでいくのかということについては正直、予測ができないという状態でした。予備隊が自衛隊になり、世論調査では災害救助に主な存在理由を見出すようになるのは、しばらく後のことです。

敗戦から講和のころまでの社会的雰囲気について具体的に述べることが難しいのは、この時期には研究者としての基礎を作るために、自宅と東大図書館、または法学部研究室の図書室との間を往復していたからです。毎日、御茶ノ水から東大まで歩く間に空腹と腰痛で休みます。昼飯は持ってこられなかったので、昼に東大の農場でとれた牛乳を栄養失調の学生に飲ませるサービスをしていたのを利用して生命を維持しながら、研究に集中していきました。というのも、私の父は当時は宮内庁の御用掛で、高松宮と三笠宮の顧問のようなことをやっていて、公職についていたので、闇市での取引など一切できない。だから、普通の人は闇米で何とか食べていたのでしょうが、私の家では高松宮の土地を少し借りてイモを作っており、そのイモを食べて生きていた。そんな状態だったので、私は学生診療所の医師が出す「この学生は栄養失調である」という証明書を持っていました。その証明書を見せると、東大の地下の食堂で一リットルの牛乳がもらえます。この一リットルの牛乳で飢えをしのいでいたわけです。

当時はアルバイトもしていました。研究の妨げにならない程度の、家にいるときにドイツ語の翻訳をやるというアルバイトです。だから闇でものを買おうと思えば金はあったのですが、時間と体力が足りなくて、闇市場まで行く気になれない。しかしある時、たまたま本郷一丁目（東大のある本郷七丁目からは数百メートル離れている）のところで石の上にいつものように腰をおろしていたら、そこに闇でパンを売りに来た男がいたのです。コッペパンのようなパンで、買って食べようとしたところ、なんとそれは、ワラを何かでつないだものだった。いくら噛んでも食べられません。それ以来、闇のものを買うことは一切しないことにしました。とにかく、そのような状態が続いていたため、世の中のことは、五二年の講和のときまではあまり正確に語ることができないというのが正直なところです。

講和・独立と安保

講和条約が発効した五二年四月二八日は、ちょうど先述の「イデオロギーとしての天皇制」という論文を何日か徹夜して書き終わった朝で、近くの小学校から独立を祝う君が代が聞こえてきたのを覚えています。そしてそれから二日間、ただただ眠りました。

三十日には東大の職員組合の婦人部の人たちが、私の家に来てケーキを焼いたのですが、実はそのケーキは、翌日のメーデーでプラカードのコンテストをして、優勝した人にあげようというものでした。そのケーキを大事に抱えてメーデーに参加して、人民広場と当時は言っていた皇居前の広場へ行きました。そこで一休みしてプラカードの選考を始めようとしていたとき、いきなり警官の発砲音が聞こえ、一目散に逃げて帰りました。そして、翌日から法学部の女子職員が二人逮捕されるという事件があり、これが丸山眞男に共産党の戦争責任論を書かせる一つの契機になりました。つまり共産党の無責任な指導が、死者や逮捕者を出すことになったと考えられたからです。五〇年代後半に「思想の科学研究会」を中心に戦争責任論が議論されるようになり、そこで丸山が政治における結果責任を強調して、天皇と共産党の責任論にまで話が及ぶことになったのです。他方で竹内好は、戦争を中国に対するものと米英に対するものとに明らかに区別し、アジアに対する戦争責任を強調します。これは五五年のバンドン会議の平和五原則の提示とも関連して、多くの人のアジアへの関心をひくことになりました。

ともかく、その頃から私も、ちょうど助手の期間を終えて東大社会科学研究所に就職したところだったので、少しずつ社会的な活動にも関心を持てるようになってきました。私自身の研究としては、五二年の「イデオロギーとしての天皇制」を最初においた『近代日本政治構造の研究』を五六年に公刊しました。そこには、雑誌『思想』のファシズム特集で書いた「ファシズム期における官僚的支配の特質」という論文も収録し、それに明治期から政治構造の基礎をなした地方自治制度に関する論文と、新たにこの本のために大正期を中心とした政党政治の構造に関する研究を含めて戦前期はすべて扱うことになりました。政治思想史から政治そのものの歴史に焦点が移ったのは、五二年から東大の社会科学研究所で日本の内政部門を担当することになったためです。これまでの研究で、私が軍国青年になった過程における最も重要な契機としての国体教育の思想構造を明らかにしただけでなく、それを支えた政治構造を歴史的に分析する仕事がひとまずまとめられたことになります。

歴史に関する研究を進めると同時に、政治の現状に関する調査も始めました。研究所で共同で行ったのは、山村における村落構造に関する研究でした。個人としては、内灘村（石川県河北郡。一九五二年より米軍の砲弾試射場がおかれた）の試射場の問題を究明するために、何回か現地に入り報告も書きました。内灘では、当初は村議会でも反対決議をしましたが、やがて村長と愛村同志会が、「愛村は愛国に通じる」という名目で、国家のために試射場は必要だといって──実は補償金に動かされて──試射場受け入れに賛成します。一般の漁民は地引網で魚をとり、その女房連が漁獲物を売って生計を立てていました。これに対して網元を中心とする村の支配層は、漁民や女性たちの利益に反して補償金で船を買い、遠くに漁に出ることが可能となりました。そのような支配層は、総評などの組合員による外からの反対運動支援に対しては、「愛村」のために「よそ者は帰れ」と排除することを村民に訴えました。

実際には調査に入らなかったのですが、砂川（現在の東京都立川市砂川町。大正末期に陸軍の立川飛行場が作られ、戦後はアメリカ軍に接収され基地として使用された）の場合は内灘のような「よそ者は出ていけ」というものとは違い、基地拡張に反対する農民の団結に加えて、労働者や学生が参加しての協力が成功し、基地拡張を阻止する成果を上げました。

平和に関する運動としては、五四年のビキニ実験（当時アメリカの信託統治領であった現マーシャル諸島共和国のビキニ環礁で、アメリカが行った核実験。一九四六～五八年の十二年間に二三回の実験が行われた）への反対運動が、杉並の主婦の動きから始まって全国化するとともに、巨大組織を政党が系列化しようとすることによってやがて分裂を起こすに至る過程は、運動組織論の観点から注目していました。

六〇年安保と組織の問題

運動と組織の問題に関連して、私自身もその一端に加わった六〇年安保改定をめぐる運動は、この本の焦点の一つとなる記憶と密接なかかわりを持つ問題です。

巣鴨から出てきた岸信介《のぶすけ》（大戦末期の国務大臣で、敗戦後A級戦犯として巣鴨に拘置された。出所後、政界復帰を果たし首相となる。現総理大臣・安倍晋三の母方の祖父にあたる）が、石橋湛山《たんざん》（大戦後の吉田内閣で大蔵大臣をつとめた後、自由民主党総裁に選ばれ首相となる。病のため三カ月で退陣するが、その後も中国やソ連との国交正常化に尽力した）の病気退陣の後、首相になります。しかし警察官職務執行法（警職法）を改正しようとして、挫折します。これは、いまだ人々の記憶に残る戦前の警察国家への恐怖を思い起こさせたこと、それに加えて、「デートも邪魔する警職法」と言われ、週刊誌などを通じて若者たちにも反対の機運を引き起こしたことが、大きな原因だったと思います。

また、改定安保を強行採決するために警察官を国会に導入したことが、さらに戦争の記憶を人々に呼び起こすことになりました。まだ戦後十五年で、特に戦争末期の被害の体験を持っている人が多かった当時でしたので、戦後最大の反政府運動が展開されることになりました。

しかし、動員された以上の参加者が得られたとはいえ、その中心になったのは、総評を中心とした安保改定阻止国民会議というものでした。もちろん、「声なき声の会」（画家の小林トミが、労組員でない人も気軽に歩けるようなデモにしようと始めた。自発性にもとづいていたこと、必ず行動を伴い、長く継続する活動であったことなど、それまでの運動と際だった違いがあった）のように二人で横断幕を持って行進を始め、終わる頃には個人参加で二〜三百人になったというような新しい型も生まれてきて、これが次の時代のヴェトナム反戦運動にみられる市民による組織なき個人の運動へと発展することになるのです。とはいえ、六〇年安保自体は古い形の動員、すなわち既存集団丸抱えの労働組合を勢ぞろいさせた最後のもりあがりでした。と言うのも、六〇年の三池闘争後、第二組合の影響力の増大によって会社との結びつきを強めた労働組合は、もはや反政府の運動の主体とはならなくなったのです。七〇年代に多くなる公害反対運動では、水俣の場合のように、組合は対抗勢力として会社と協力さえしていました。

もう一つ、六〇年安保で問題だったのは、全学連の実力闘争方式で、せっかく大量の動員によって国会を囲んだのに、全学連は国会突入にこだわり、そのために死者を出すことになり（六月一五日）、その二日後にマスコミ七社共同声明で「暴力を排し議会政治を護《まも》れ」という方向で運動に打撃を与えました。この学生の暴力の問題は、この後六〇年代を通じてセクト間の対立においても見られ、非暴力直接行動の普及にとっては障害となりました。

私自身もこの六〇年安保のときには、色々な活動に加わりました。「若い日本の会」という文学者の会ができ、そこには江藤淳（文学博士、文学評論家。夏目漱石の研究で著名。一九九九年自殺）や石原慎太郎、大江健三郎も入っていたと思います。そこで安保問題を研究・討議したいということで、頼まれて報告に行ったり、また江藤が「一緒に政治指導者に会おう」と言うので、松村謙三（立憲民主党議員であったが戦後に公職追放となり、解除後は改進党および自由民主党に所属。文部大臣、農林大臣などを歴任）、三木武夫（戦前から戦後期にかけて、様々な党で幹部を勤めた後、七四年に自民党総裁に選ばれ総理大臣となる）、石橋湛山に会うといった活動を行いました。ちなみに、松村謙三に会ったときには石原も一緒で、松村が日中の関係の歴史を長々と有史以来話すことに対して明らかにいら立ちを示し、目をぱちぱちさせていました。以後の会合のときには石原はもう来ませんでした。三木武夫には「自分よりも若い者に会ってくれ」と言われて、何人かの若い議員にその後、会った記憶があります。石橋湛山はさすがに、非常に責任感の強い政治家だという印象を持ったことが記憶に残っております。

しかしながら、そのように政界にばかり注目して、草の根の組織化への注目が不足した点――後の帰郷運動（中央から各地方へ講師を遣り、東京で起こったことを様々な資料を使って紹介しながら講演する運動）でも中央を中心にした見方をしていました――、また戦争の被害の記憶にこだわる面が多く、ヴェトナム反戦の時のような加害の記憶への配慮がなかった点、および沖縄への関心が欠けていた点が反省されます。『世界』八月号で「現代の政治状況」を論じた丸山眞男ら八人の討論の司会をしたのですが、その際も沖縄への言及はありませんでした。

Ⅱ　アメリカ体験からヴェトナム反戦へ（一九六一年〜一九七〇年）

アメリカの平和運動と非暴力直接行動

六一年にアメリカに呼ばれ、二年間暮らすことになりました。研究関係でも様々な発見や成果がありましたが、ここでは、滞米中の個人的な体験の中からいくつか、平和に関する重要な事例を挙げてみたいと思います。

ひとつ目は、私が最初に行ったミシガン大学のキャンパスがあるアン・アーバーでの出来事です。ある日、キャンパスを歩いていると、ただ一人でプラカードを持って立っている男性がいます。おそらく学生だと思いますが、〝Vigil for Peace〟――「平和の不寝番」、つまり「平和を見守る人」というような意味のプラカードを立てて、ただ黙って立っている。その傍を他の学生が「コミュニスト（赤）」などと言って、ののしって歩く。しかし彼はまったく動じず、黙って立っていました。私は個人的に、どのようなつもりで、何を目的に立っているのかを聞きたかった。しかしまだアメリカに行ったばかりで、とてもそういう内容を聞いたり理解したりできるほど英語力に自信がなく、諦めてただ黙って見ていたのです。多数の参加者とともにデモを行うことに慣れていた日本人の私としては、ただ一人で立っているのを見たことは大変ショッキングな出来事でした。このことがまず、アメリカ体験として私の中に非常に強い印象を残しました。

次にバークレーに行ったのですが、ここにもまた、一人ではないですが、少数であることを少しもいとわず平和運動をやっている人たちがいました。ルイ・鈴木という、ニューヨークで画家をやっていた人が、カリフォルニアでも絵を描いて市民運動を行っていました。彼の奥さんはフィリピンの女性で、青年の訪中団として中国に派遣されたときに知り合って結婚したそうです。この夫婦や、ＩＷＬＰＦ（平和と自由のための女性連盟）の女性といった人たち数人で会合をやっていて、六二年の八月には、アメリカで初めてだと彼らは言っていましたが、サンフランシスコで広島デーの行進を行いました。これも大した人数の行進ではありません。しかし、数は少なくともとにかくやるのだということで、やはり印象的でした。

そして三つ目の例として、ケンブリッジ（米国マサチューセッツ州。ハーヴァード大学やマサチューセッツ工科大学がキャンパスを置く学園都市）に移った後のことがあげられます。その頃には英語が話せるようになり、私の接触する範囲が広がったというのもあって、ここでは多様な平和活動に接することになりました。例えば六三年に上院議員の選挙があり、そのとき民主党からはエドワード・ケネディが出ていましたが、「彼はヴェトナム戦争に反対していないから、だめだ」ということで、スチュアート・ヒューズというハーヴァード大学の教授を独立の平和候補として立候補させる運動をやっていました。この時選挙運動をしていた人たちの一人から、その後私が日本に帰ってから手紙をもらったことがあります。それは近くマサチューセッツ州知事が訪日するが、選挙民からの依頼だと言って、知事に面会して日本におけるヴェトナム反戦の動きを伝えてほしいという手紙でした。この知事は共和党で、土建業者で知的な人ではないが、それでもとにかく会ってくれないかという要請がありまして、それで、私は帝国ホテルに何日に泊まるということがわかっていましたので、帝国ホテルに連絡を取って、アポイントメントを取って、彼に会いました。とにかくそこまでして、州知事、しかも共和党の州知事にまで影響力を及ぼそうという活動の仕方に対しては、敬服したというのが正直なところです。

四つ目の例としては、滞米生活の最後に体験したことです。ニューヨークのロングアイランドにあるハローヒルというところで、クエーカー（正式名称は「フレンド派」あるいは「キリスト友会」。教会の形式化や制度化に反対し、反戦、弱者救済を訴える）の人たちによる世界大学の実験的なプログラムが、大変に立派な誰かの別荘を開放して行われた。そこに社会主義国も含めた国連加盟国の学生を集めて、平和を目指す教育をしようということで、私も教えることになりました。その際にニューヨークの「平和のための女性ストライキ」の人たちが、夏休みにSNCC（学生非暴力調整委員会）の若者たちを招いて、半ば慰労し、半ば彼らの話を聞くという企画がありました。その時に若者たちから聞いて強い印象を受けたのは、非暴力直接行動についての訓練が大変に手間をかけて丁寧にやられていることでした。実際に誰かが警官の役をして暴力を振るうのに対して、どのように非暴力で立ちむかうかを詳しく、くりかえし訓練しているので、その結果として統制のとれた有効な運動が展開されてきたことがよく分かりました。

やはり非暴力直接行動というものは、相当の訓練をしなければ規律が守られない、非常に難しい仕組みだということをつくづく意識しました。この六三年の夏というのはちょうどワシントン大行進があって、そこでマーチン・ルーサー・キング（アメリカの牧師。アフリカ系アメリカ人の公民権運動を指導。ガンジーの影響を受け、人種差別撤廃のための非暴力運動を展開した。一九六四年ノーベル平和賞受賞）が「私には夢がある」という演説をした、あの夏です。私はそこには行きませんでしたが、ケンブリッジからバスで参加する人たちを見送りました。

二〇万の人たちが集まって、事故は一つもなかったという新聞報道もあるように、このデモには非暴力直接行動の成果が見事にあらわれていました。実は事故が全くなかったわけではありませんが、ネオナチのグループが行進を妨害しようとして警官に規制されたということがあった程度です。私のアメリカ体験を最後に締めくくる意味でも、このワシントン大行進の見事な非暴力直接行動による団結の成果は、非常に印象深かったということを申し上げておきたいと思います。

ヴェトナム反戦

日本に帰ってきてヴェトナム反戦の運動が始まったのを見た上で、六五年に半年間ハワイの東西文化センターの上級研究員としてハワイに滞在する機会がありました。ここの平和運動は、日系人も含め、西部とは違った種類の活発さがあり、全米ではじめてと称するヴェトナム反戦デモが、市の中心部からアラモアナ公園まで行われました。私がアメリカで参加した反戦デモとしては最大規模のものであり、この地域の平和運動の活発さを物語っていたと思います。

帰国すると、ベ平連（「ベトナムに平和を！市民連合」）の活動が広がり始めており、そこには組織なき運動で個人参加という組織論上新しい特徴がみられました。同時に、ジグザグデモなどのより激しい行動をしたい参加者と、静かに歩きたい人が、どのように一緒に行進できるかという問題もありました。結局弱い者から順にならべるという工夫がされるようになり、多様性を持った個人の協力のしかたについて、活動を通して相互に学びあうという特徴もみられました。

ベ平連については、活動そのものが多様であり、研究も多いので、この本の文脈にとって重要な点だけを指摘することにします。第一に挙げるべき点は、加害の意識化という新しい特徴です。これには小田実《まこと》（作家、政治運動家。体験記『何でも見てやろう』［一九六一年］がベストセラーとなった）の貢献が大きい。彼は、戦争末期の大阪での空襲体験からヴェトナムで戦火にさらされる人たちを想像し、さらにヴェトナムに投下されるナパーム弾の生産など、日本が加害に加担している面を意識化して、当時の日本が持っていた加害と被害の両面性を指摘しました。

ベ平連の仲間たちが、といっても有志の集まりですが、ニューヨーク・タイムズなどの米紙に意見広告を出す時に、「アメリカは、かつて日本が中国でやった誤りをくりかえしているのだ」と警告したことは、六〇年安保が主として被害の記憶を基礎としていたことに比べると大きな変化だといえるでしょう。日本の中国侵略との類似性は、「アジアでの共産主義の拡大を防ぐ」という、ヴェトナム戦争におけるアメリカの目的の中にも見られます。

これと関連して、べ平連の国際交流に関する活動として触れておきたいのが、一九六六年の日米市民会議です。後に車に爆弾をしかけられて暗殺された黒人活動家のラルク・フェザーストーンと、『民衆のアメリカ史』で有名な歴史家のハワード・ジンをアメリカから呼んで全国を巡回したのには私は加わっていません。しかし、東京で反戦市民条約を作ったときにはジンなどと徹夜で起草した思い出があります。条約といっても、要するに個人として戦争に加担しないことの誓約のようなものです。ただただ調子のいいことをいうのはやめて、本当にできることを、しかも筋を通して誓約しよう、という方向で討議したのです。

ヴェトナム反戦の活動で、私個人として今でも残念に思っているのは、直接爆撃の基地として使われ、「悪魔の島」とも言われた沖縄の問題について十分に取り組むことができなかった点です。六四年にフランスのエビアンで国際社会学会がありましたが、実はそこで報告した帰りに、わざわざ沖縄に立ち寄りました。当時沖縄は米国の直接統治権下にあり、パスポートがないと入れなかったのです。その際、問題の深刻さに強い印象を受けて『朝日ジャーナル』に寄稿するなど多少のことをしましたが、加害と被害の両面性が最も鋭く現われている点でも、もっと重大な注意を払うべきだったと思っています。

『平和の政治学』と非暴力直接行動

それまで研究面では、主として専門研究者を対象とした仕事しかしてこなかった私が、六八年に『平和の政治学』（岩波新書）という、かなり一般的な主題についての、広い読者を対象とした本を書きました。

それには幾つかの背景があります。第一に、異文化体験の持った意味を挙げることができます。六〇年代、日本では高度成長が始まるとともに、軍艦や戦闘機などのプラモデルを作るのが子供たちの間で流行し、大人までもが雑誌『丸』などに載せられる戦記物を喜んで読む傾向が生まれました。軍国青年であった自分について、なぜそうなったかの過程を明らかにすることを通じて反省をしようとしていた私は、かねてからの武器恐怖症のためもあって、戦争、特に武器については忘れたいという感じが強くありました。ところが、アメリカ社会で生活してみると、市民が武装することは憲法上の権利であり、例えば長男が小学二年生のときＹＭＣＡのサマーキャンプに参加したところ、本物の拳銃を使って射撃訓練をしたという話を聞いて、何と異なった文化かと思いました。後に、日本人留学生がハロウィンの夜に隣家を訪ねて射殺されるという悲劇も起こりましたね。

その後六四年にポーランド、チェコという当時の社会主義国およびシオニスト社会主義とも言われたキブツを訪ねるためイスラエルに行くという経験もして、エビアンの国際社会学会では、番外に行われたヴェトナム反戦の集会に参加することなどを通じて、文化による平和と戦争の考え方の違いにも強い印象を受けました。

これが新書の最初の部分で、文化的伝統の違いによる平和観の力点の違いを書いた主な背景です。しかし後に八九年の『日本の政治と言葉』で、近代日本で「平和」という言葉が現実に使われた事例の分析を通じて、新書を書いた当時の文化による違いの扱い方は図式的で文化的決定論に傾く危険性もあったと反省するようになりました。例えば平和観念の文化的特質を述べる際、インドの「シャンティ」という平和観念が心の平穏さを重視すると書きました。しかしマハトマ・ガンディ（インドの政治指導者、宗教家。第一次大戦後、イギリスからの独立を訴え、英国製品の不買運動や断食といった非暴力による不服従運動を行って「インド独立の父」と呼ばれる。一九四八年、ヒンドゥー教原理主義者によって暗殺された）の組織した非暴力直接行動が「シャンティ・セーナ」（「平和行動隊」とでもいうべきもの）によって実行されたことをみれば、とてもそのような一面的説明では言いあらわせないことが分かり、文化的決定論ではこれが理解できないことになります。

しかし同時にこの新書の後半部分で、平和論の歴史的展開を論じたあたりは、むしろ色々な文化的伝統の交流が現実の姿として描かれております。具体的には、ソロー（ヘンリー・デイヴィッド・ソロー。アメリカの作家、思想家、博物学者。奴隷制度とメキシコ戦争に反対するため人頭税を拒否、投獄された）の市民的不服従の思想がガンディに引き継がれ、それがさらにマーチン・ルーサー・キングに影響するというように、実際には東西の文化の間を行ったり来たりしているのが現実なのです。

こうしてこの本の最後には、非暴力直接行動（合法非合法の両方を含む）と市民的不服従（明らかに非合法の抗議を意識して行うもの）という最終的手段で、平和の理念を貫徹すべきだという結論になっています。ところが、この本を出した当時はまさに大学闘争の最中で、学生が実力行動によって大学当局に対抗するだけでなく、党派《セクト》間の暴力による衝突が相つぎました。これに対し私は、他の四人の教官と――これはすべてキリスト者で、そのうち三人は内村派（キリスト教指導者・聖書研究者の内村鑑三に共鳴した信者の一派。無教会主義、非戦論などを特徴とする）ですが――非暴力連帯の呼びかけをして、大衝突が予想されている日に両陣営の間に座り込むという行動をしましたが、その後衝突は分散的になり、有効性を失ってしまいました。

紛争後、全学一般ゼミが開催された時、非暴力直接行動を主題にしました。参加者は一応真面目に報告したのですが、現地調査をした人はいなかった。私はこのときの成果を中心に、忍草母の会（一九六〇年代に結成され、山梨県の米軍北富士演習場の返還を求めて演習場へのすわり込みや監視活動を続けてきた団体）の非暴力直接行動で実弾演習を阻止する運動などを分析して、後に七三年に公刊の『平和と変革の論理』に収めました。

私の見るところ、日本で非暴力直接行動が定着しにくいのは、まさにアメリカの伝統と逆の伝統があるからだと思います。アメリカでは、武器を持つ権利が憲法上認められているから、非暴力であるということは特別な決意を必要とすることになります。これに対して日本では、自衛隊と警官およびヤクザが武器を持っているだけで、一般人は武器を持っていないので、非暴力の必要をあらためて意識することが少ないという違いがあります。

このことに関して、日本には特殊な歴史的背景があります。

つまり三回に及ぶ刀狩り（一五八八年の豊臣秀吉、明治維新に伴う廃刀令、そして第二次大戦後のGHQによるもの）の結果、民衆は武器を持たなくなりました。第一、第二のものは、携帯してはいけないということであって、持っていることは別に構わない。ところが、第三のGHQによるものは、刃渡り一五センチ以上の刃物は所持すること自体がいけないというもので、こうして民衆の非武装が徹底したわけです。その結果、六〇年代後半の全共闘運動では、抵抗のシンボルとして「ゲバ棒」（角材などを使った棒状の武器。ドイツ語で暴力を意味する「ゲヴァルト」が語源とされる。学生運動の象徴となった）を持つことになるのです。それは現実には人を傷つける、場合によっては死なせるようなものであるにもかかわらず、そのことが意識されにくい。六〇年安保のときでも、全学連は国会突入という実力行使にこだわったために死者を出すことになったのに、そのことに対して指導者は反省するところがなかった。しかしながら、後の時代のことまで言うと、福島原発事故以後の官邸前の抗議行動は弁護士などを中心とした見守り部隊をパトロールさせるなど慎重な配慮が定着しはじめており、非暴力直接行動の可能性は、市民意識の成熟によって大きくなったと私は思っています。

Ⅲ　経済成長とその矛盾（一九七〇年〜一九八〇年代）

経済成長による自信過剰と現実の矛盾

六〇年代からの高度成長は、七〇年万博を経てなお続き、七三年の石油危機で一時、停滞を示しました。しかしそれも何とか克服して、依然として経済成長への関心の集中、別の面から言えば、沖縄に集中した基地の問題など、安保による従属面への無関心の状態も続きます。しかも、七九年にエズラ・ヴォーゲル（アメリカの社会学者で、日中を中心とした東アジア研究を行った）の著書『ジャパン・アズ・ナンバーワン』（一九七九年）、マレーシアのマハティール首相（在任一九八一年〜二〇〇三年という長期政権を維持。欧米ではなく日本を目標とした経済政策を掲げ、マレーシアの国力を飛躍的に増大させた）によるルックイースト政策など、外からの評価に甘えて自信過剰になる傾向が見られるようになりました。西欧先進国は、もはや追いつくべき目標であることをやめ、追い越してしまった社会、つまりイギリス病（一九六〇〜七〇年代にかけて、イギリスで経済不振やそれに起因する労働運動の増加といった経済・社会問題が多発した状態を言う）などに悩んでいるあわれな存在と認識されるようにさえなりました。

それとともに、一九八〇年に出た大平正芳首相（外務大臣時代、アメリカとの核密約問題を含む核・原子力問題に関わった。八〇年に不信任決議を受けて行った解散総選挙戦のさなかに過労で倒れて急逝）の政策研究会報告書にも示されたように、「経済の時代から文化の時代に入った」という考え方と、「総合安全保障研究」への志向も示されるようになりました。それは、新しい大国化の傾向の芽生えとも言えます。

文化の強調とは、「急速な近代化や高度成長を可能にした日本文化とは、どういうものか」という視点から生み出されたものです。この傾向は、ハルミ・ベフ（文化人類学者の別府晴海。スタンフォード大学名誉教授。幼～少年期を米国と日本の両方で過ごした。アメリカにおける日本研究の第一人者の一人）が「消費産業」と呼ぶ一種の流行りものとしての「日本文化論」の隆盛を、一九六〇年代末より引き起こすことになります。

この種の急速な経済発展を可能にした「日本文化」とは、私が『日本の政治文化』の中で特徴づけたところによれば、閉鎖的な同調社会内部の忠誠競争によるものです。それは別の面から見れば、中央から周辺への抑圧移譲を重層的に続けていき、外に対しては侵略を、内においては批判を許さないことによって権力が集中され、それが腐敗していくという、総力戦体制と同じ傾向のものでした。ただし戦前には天皇への忠誠を中心とした一億一心的同調だったものが、戦後は分散化した企業ごとの忠誠競争となった点が異なります。それが結果的に経済成長を支えることになるわけです。

ともあれ、この時期の日本文化論に代表されるような過剰な自信は、世紀の変化をまたいで起こる、いわゆる「失われた二十年」の経済的困難とともに、日本を追い越した中国への反感へと変わることになります。それは、また後ほど取り上げたいと思います。

このように、戦前と同じ体質の政治文化的背景が戦後の高度成長を支えたものであった結果として、矛盾が周辺に集中するという総力戦体制と同じような困難を生み出すことになりました。それが目に見える形で示されるようになったのは、六〇年代に始まり七〇年代に目立つようになった四大公害に代表される、公害問題でした。

私は七〇年代末に三年間、夏休みのたびに水俣に入って調査を行い、その報告を「水俣における差別と抑圧の構造」として発表しました。そこで明らかになったことは、「労働者を牛馬と思って使え」という朝鮮窒素（水俣病の公害を引き起こした化学工業メーカーのチッソが、一九二七年に朝鮮半島に進出して立ち上げた会社）の経営体質が、戦後、朝鮮窒素から引き揚げてきた人たちが水俣の工場長になるという事態によって引き継がれていったということです。ただ、戦後の日本では、労働組合ができて発言力を持っておりましたので、正規雇用労働者の権利はある程度保証されていましたが、下請けや臨時工の酷使は甚だしく、修理をする場合にも工場の運転をやめない、その結果怪我人が出るなど、いろいろなことがありました。まして漁民の利益などは、完全に考慮の外でした。そのような体制が、「水俣の繁栄のため」として、すべて正当化されていたのです。水俣病が発生しても、「患者が騒ぐことは、水俣の繁栄を崩すことだ」として批判されることになります。市政自体がチッソに支配されていましたから、市政のもとで区長を通じて地域社会の底辺にいたるまで、このような論理が浸透していたことが特徴的でした。

このような状況の中では、労働組合さえも会社を支持し、水俣病患者を差別していました。例えば、漁民が工場に抗議に突入しようとしたとき、組合もこれを阻止した。その後、安定賃金闘争という大闘争があって、第二組合ができました。その結果、第一組合の人たちは、今までいた職場から追い出されて工場の外での掃除をさせられるなど、極端な差別をされるようになり、そうなってはじめて「第一組合が水俣病患者と共闘しなかったことは恥である」という恥宣言をした。それまでは組合も、被害者を抑えこむ役割を果たしていたのです。しかしその頃には、もはや第一組合は少数派になってしまっていて、組合としての発言力を持たない状況でした。

七〇年代には各地で公害への関心が高まり、それに反対する市民運動も起こってきます。しかし、一部の経済学者を除いて、社会科学者の間でこの問題への関心は強くありませんでした。『公害の政治学』（一九六八年）という本を書いた宇井純は自然科学者であり、社会科学者ではなかった。この点を反省して、東大での最後の大学院ゼミでは、日本の社会科学の歴史的反省を主題とすることにしました。そのときの主な内容を活字にしたのが、八四年に公刊した『日本の社会科学』という本です。

この本では、明治以後の社会科学の展開を、社会そのものの中で個人がどのような形で位置づけられたかという面と、その社会を分析する研究の中心となった集団に焦点を当てて、時代別の特徴とその推移の過程を見ました。

すなわち、明治前期の臣民範疇と対応した国家学会、そして、明治末期から社会出現の可能性に対応した社会政策学会、大正デモクラシー期の民衆の登場に対応した黎明会、二〇年代から三〇年代初めにかけて階級に注目したマルクス主義の集団、そして階級に代わって民族共同体に注目した昭和研究会――という具合に、戦前が主な対象になっています。私自身、三木清の影響を受けたこともあって、階級から民族への力点の変化にかなりの比重を置きました。そのため、戦後の人民、大衆、市民という動きについては、戦後社会科学の出発点として、大塚久雄（経済史学者。資本主義の成立の研究から「近代」を考察する彼の学問体系は「大塚史学」と称され、丸山の「丸山政治学」と並ぶ戦後民主主義の代表格とされる）と丸山眞男を取り上げただけで終わりとなり、公害その他、矛盾をはらんだ経済成長の分析という課題に直面して社会科学がどうしたかという点、およびジェンダーの問題については、約十年後の一九九五年公刊の『社会科学再考』（後述）という本で取り扱うのを待たなければならなくなりました。

中曽根の戦後政治の総決算と「不沈空母」論

八〇年代に入ると、中曽根康弘（一九四七～二〇〇三年の長期にわたり衆議院議員を務め、総理大臣を含む要職を歴任。国鉄の分割民営化、現在の消費税制度の原型となる税制改革などを行った）政権は、一方で戦後政治の総決算や単一民族国家論という国家主義、他方では不沈空母発言に見られる従属性との両面を明らかにしたという点で、この本の視点からみて重要な変化を日本にもたらしたといえます。不沈空母発言というのはアメリカに行った時の発言ですが、当時冷戦状態だった世界情勢の中で、日本が西側諸国（特に米国）がソ連に対抗する上での軍事的要衝となり得ることを言いあらわしたものです。一方、国内向けには「国際国家」というちょっとわかりにくい言葉を用いている。正確には「国際国家を目指して、日本のアイデンティティーを確立する」という表現です。ここでは従属面が隠されているだけではなく、別のところで発した「アメリカには黒人などがいて教育水準が低い」という失言に示されるように、常に日本の文化的優位性を強調している点が特徴でした。この失言がアメリカで問題にされた際に、「日本が単一民族国家である点を強調したかったのだ」という発言をして、今度はアイヌ民族の反発を買う結果にもなりました。

中曽根政権の歴史的特徴として、もう一つ注目すべき点は、レーガノミックス（八十年代の米国で当時の大統領レーガンが推進した経済政策の呼び名。社会福祉予算を削って減税を行い、規制緩和により自由競争を促進した）、サッチャリズム（同時期にイギリス首相サッチャーが進めた経済政策。増えすぎた社会保障支出の縮小と規制緩和、民営化が特徴）と並んで、新自由主義的な方向に向けた変化を始めた点に見られます。典型的な政策としては、国鉄分割民営化を挙げることができます。この方向は、後の小泉内閣の規制緩和、市場原理主義につながる第一歩であると同時に、国労という戦闘的な組合運動に対する大胆な挑戦でもありました。

この国鉄分割民営化に始まる官公労への攻撃は、戦後労働組合が丸抱えによって支持を広げていた革新勢力に対し、組織上の大きな打撃を与えることになりました。このような組織上の攻撃に加えて、日教組を中心として展開されていた戦後民主主義の思想に対する攻撃があります。これは「記憶の共同体の再編」という心の領域に関する問題であり、戦後政治の総決算のもう一つの内容をなすものです。具体的に言うと、教科書における「侵略」という表現を「進出」と変えること、こうした変更によって、加害の記憶を抹殺する企てがなされたのです。これは、アジアの隣国から批判を受けて一度は挫折したものの、その方向は、その後も引き続いて繰り返されることになります。

ちなみに、教科書から加害の記憶を抹殺する方法には、三つのやり方があります。第一には、加害の事実に言及しないこと。例えば、関東大震災のことは記しても、その時に生じた朝鮮人虐殺（震災の混乱に乗じて朝鮮人が放火・略奪・暴動を行っているといううわさが流れ、これを聞いた人々が集団暴徒化して朝鮮人を襲った事件。間違って殺された中国人や日本人もいた）については書かない。あるいは、従軍慰安婦のことも書かない、言及しない。

第二に、婉曲的な表現を使うこと。「侵略」を「進出」とするのは、まさにそれです。

第三には、主語をなくしてあたかも自然現象であるかのように表現する方法です。これは家永教科書（家永三郎が執筆した三省堂の高校日本史教科書。一九六五年、家永は教科書の検定は憲法違反として国を相手に訴訟）で見られた事例ですが、「軍部が戦線を拡大した」というところを、文部省の指示で「戦線が広がった」とし、自然現象のように言いあらわしたのです。

そうした加害の記憶の抹殺の裏側にあったものは、栄光の歴史の強調です。国のために命をささげた英霊、あるいは国事に殉じたA級戦犯をも祀る靖国神社への首相の公式参拝がアジアでの歴史認識の争点となったのも、中曽根首相時代からのことです。中曽根は八五年に一度公式参拝をし、隣国からの批判を受けた。その後は繰り返すことはなかったのですが、小泉、安倍という後の首相になって、問題が繰り返されることになります。

平和という言葉の流行

もう一点、中曽根政治と関連して指摘しておきたいことは、中曽根が八六年、軍事費のGNP一％枠撤廃に踏み切った際、その論理を準備した私的諮問機関が「平和問題研究会」と呼ばれていた点です。一九八八年春に、「永田町は、ちょっとした平和問題研究所ブームである」、「中曽根も平和研究所を作りました」などと言われたように、平和の名の下に軍備が論じられる傾向が生まれた。この傾向は、第二次安倍内閣の、いわゆる「積極的平和主義」という用語にまでつながる問題を含んでいます。

私は、これを「『平和』の両義性」と呼び――すなわち絶対不戦の立場からする「平和」の理念と、「平和のための戦争」という意味で戦争を正当化する言葉にもなり得る「平和」、この区別をどうつけるかについて熟考しました。そして一九八九年、『日本の政治と言葉』の下巻で、「平和」という用語が、明治以後の各時代に、どのように使われたかを明らかにしました。要約すると、明治前期、非戦平和を論じた北村透谷（文芸評論家、詩人。近代的な恋愛や人間性の自由といった内面の問題を扱い、後の日本文学に影響を残した）が死んでから、日清戦争（一八九四〜九五）以後、全ての戦争が「東洋平和のため」といわれてきました。日露戦争（一九〇四〜〇五）のときだけは例外的に、平和の両義性が意識され、非戦論が世論の一部に形成されました。しかしそれ以外の場合は全て、「平和」という言葉は、戦争を正当化し、挙国一致の世論を形成するために用いられたという歴史だったのです。

第一次大戦当時も非戦論はありましたが、日露戦争のような激しい戦闘がなかったため、さほど真剣な討論が行われたとは言い難い。それゆえ、日露戦争当時の非戦論と主戦論の論争が、その後の「平和のための戦争」の意味を問いなおす場合の論理の原型を作り上げたと言えるでしょう。当時の非戦論は必ずしも平和という言葉を使っておらず、むしろ主戦論の方が多く使ったことも特徴的でした。平和を戦争の正当化に使う方便は主に二つあります。つまり、「平和は理想で戦争は現実」（詩人・歌人の大町桂月が、与謝野晶子の『君死にたまふこと勿れ』にみられる非戦論的要素を、観念的・理想主義的・個人主義的だと非難した発言の要約）というもの、および「平和は目的で戦争は手段」（哲学者の井上哲次郎の言）といったものが典型的です。これに加えて、前に近衛内閣の例で挙げたような、平和と正義を結びつけて戦争を正当化するというやり方もあります。

平和と結びつけることなく戦争を正当化するものとして、「活力主義」による戦争礼賛というものもあります。戦争のあるところに「人の活動あり、進歩あり、幸福ある也」（大町桂月）というような考え方です。これはその後も国家有機体説（国家をひとつの生物のようなものとみなし、その成員である個人は細胞や内臓器官のように、全体の機能を分担するものであるとする国家観）とも結びついて繰り返される論理です。

今また、戦争の正当化が繰り返されようとしているという問題については、こうした歴史から学ぶべき点は多いと思います。歴史から何を学ぶかということに関しては、次に述べるように、戦後ドイツと日本を比較してみるとより明らかになると思います。

滞独体験と過去の克服に関する日独比較

私は、八一年から八二年にかけて西ベルリンの自由大学で教え、さらに八五年秋から八六年夏まで、ベルリンの高等学術研究所のフェローとして研究に従事しました。その間、八六年五月八日のドイツ敗戦記念日には、当時、ドイツの文化交流機関であったＤＡＡＤ（ドイツ学術交流会）に招かれて、ベルリンにいた小田実が組織した独日対話集会に参加しました。この集会は、ドイツ側からギュンター・グラス（作家。代表作は『ブリキの太鼓』。一九九九年ノーベル文学賞受賞）らの文学者が参加し、日本からは、野間宏（作家、評論家。社会への関心を強く持ち、社会的発言も多く行った）、李恢成《り・かいせい》（作家。大戦後に樺太から引き揚げ、以来日本で活動。一九七二年『砧をうつ女』で芥川賞受賞）、伊藤成彦（政治学者、文芸評論家。東アジア問題やドイツのマルクス主義革命家ローザ・ルクセンブルクに関する研究および著書多数）が招かれ、現地からは小田と私が参加しました。そのときに、ベルリンで報告をして、一緒にカッセルとミュンヘンに移り、そこでも集会を開きました。

これから述べるものは、そのときの報告に若干の追加をした、日独の過去の克服に関する比較です。まず共通点としては、両方とも外からの圧倒的な力による敗戦で終わった点。次いで占領があり、その占領下で冷戦体制に組み込まれたことです。他方、一番目の違いは、ドイツが四カ国による直接分割占領であったことに対し、日本では間接統治で、沖縄を除き統一した政府が占領政策の実施に当たったたという点です。

六二年に私は、ウィーンで行われた欧州討論で、「外から見たヨーロッパ」という主題の連続講演会で報告をする依頼を受けて、アメリカからウィーンへ行ったことがありました。その途中で西ベルリンに立ち寄り、まさに分割統治の境界の現状を、まざまざと見ることができました。市中を戦車が走り回り、人々は東側に対して敵意と恐れを持って対峙《たいじ》している。この状況を見て、「アジアでも、朝鮮半島の三八度線にこの分割線があるのだ」ということを、今更のように印象づけられました。

そして二番目の違いは、ドイツでは戦後近隣諸国等から鋭い批判がなされ続けたのに対して、日本の場合はアジアの冷戦の影響で、その批判が直接には届くことが少なかったことです。もう少し付け加えますと、ドイツの場合には、隣のフランスやポーランドのように直接侵略をされた国からの批判、そして世界中に拡がっているユダヤ人からの批判にもさらされていた。日本の場合、それに相当するような批判が少しずつ出始めたのは、冷戦が終わってからのことでした。ドイツでも、実は、シンティ・ロマ（一五世紀頃から中欧に定住したシンティと、同根の流浪集団ロマの総称。ユダヤ人と同様に差別や偏見にさらされ、ナチスの迫害の対象にもなった）のように批判が表に出にくかったものに対しては責任意識も遅れた、ということも付け加えていいでしょう。

三番目の違い、これは私が非常に影響を受けたものですが、元ドイツ首相のヘルムート・シュミット（西ドイツの第五代首相。ドイツ社会民主党所属。ドイツの全国紙「ツァイト」の共同編集者も務める）が、ツァイト誌（ツァイト社が発行している週刊雑誌）の八六年一月二四日号に書いていたことです。それは、「日本の場合には、原爆の被害によってアジアに対する加害を相殺する傾向があった」ということです。ドイツの敗戦に間に合わなかった原爆が、その後、日本に二発落とされたことによって、「日本は原爆という技術に敗れたのだ」という意識が強く、被害者としての立場を強調することで、アジアにおける加害と相殺する形で、アジアへの加害を忘却する傾向が強かった。それが、日本の過去の克服を意識化することを妨げた要因になっていると、シュミットは指摘しています。

四番目の違い、これは過去の記憶の仕方の違いとして典型的なものですが、日本では、靖国およびそれと結び付いた戦後補償の対象として、軍人と一般市民を区別している。つまり、軍人軍属あるいは国事に殉じたA級戦犯は、靖国神社に祀ると同時に補償の対象にもなっています。ドイツでは、例えば空襲の被害者は、軍人であろうと市民であろうと、区別をせずに補償をしています。ところが日本では、同じ場所・同じ空襲で死んだり負傷した場合でも、軍人には遺族や本人への補償が出るのに、一般市民には補償は出ないという違いがあります。それに伴って、慰霊の仕方の違いもでてきます。かつての東ベルリンにあり、統一後のドイツで追悼所になったノイエ・ヴァッヘでは、全ての戦争犠牲者を追悼しています。どの国の人かも問いません。日本では、先述の通り、靖国は日本の軍人だけです。ただし沖縄の「平和の礎」では、国籍を問わず沖縄戦の犠牲者は軍人か市民かの別なく、その名前を記して慰霊しているという違いがあります。

以上の違いを私に認識させた具体例を、次に幾つか挙げておきたいと思います。

八二年二月一八日に、保守系の西ベルリン市長が先頭に立って、大規模な人種差別反対のデモをやりました。これは、一九四二年にベルリン郊外のヴァンゼー荘《ヴィラ》でヴァンゼー会議（ヒトラーおよびナチス政権の高官らが、捕えたユダヤ人の移送や殺害などの処置について取り決めた会議）があった、その四〇周年を記念したものです。その後、五〇周年の九二年には、この別荘は記念館として開館し、資料の展示を行いました。一方の日本では、同じ年に、教科書の「侵略」を「進出」に変えたことをめぐって近隣諸国と問題が起こったことは、先ほども申し上げた通りです。

そして八五年五月八日、ヴァイツゼッカー大統領（西ベルリン市長を経て八三年ドイツ連邦共和国［当時は西ドイツ］大統領となる。キリスト教民主同盟［CDU］所属。任期中に東西ドイツ再統一がなされ、引き続き九四年まで統一ドイツの大統領を務めた）が議会で行った演説は有名で、日本では、永井清彦訳で『荒れ野の40年』という題の訳書が広く読まれています。同じ敗戦後四〇年の八月一五日に、日本では中曽根首相が靖国神社に参拝して問題になったことは、先ほど申し上げた通りです。なお、八六年五月の独日対話の集会で、日本からの発言者のほとんどがヴァイツゼッカーの演説を引用したのですが、それを『荒れ野の40年』という題で引用するから、通訳が何のことだか分からない。通訳が代わるたびに、大統領の議会演説のことだと注意してやらなければいけなかったことが記憶に残っております。それほど、この演説を書籍化したものが日本でよく知られていたということです。

ドイツではニュールンベルクの国際裁判の他に、国内で独自にナチ時代の戦争犯罪の裁判を行いました。しかもこの犯罪については時効をみとめないとしたため、今日に至るまで訴追が可能なのです。これに対して日本では独自の戦争犯罪の裁判は行われなかったので、戦争責任を論ずると、それは勝者の裁きに従うものであり自虐史観だといわれる。その傾向は今日に至るまで重大な影響を持ち続けています。例外として国家ではなく民間レベルでは、中国で戦争犯罪の裁判を受け、罪を認めて帰国してから中帰連（中国帰還者連絡会）として行った活動があります。また、『三光』（一九五七、神吉晴夫編。戦後、中国の戦犯収容所に入れられた日本人たちの手記を神吉がまとめて出版したもの）のような著作など、中国での戦争犯罪について告白する活動を続けているのが注目されています。

話をドイツに戻し、先ほどの八六年のベルリンでの独日対話集会の後、カッセルを訪れたときのことです。六八年世代（日本では「全共闘世代」とも呼ばれる。六八〜六九年は、全世界的に学生の社会運動、大学闘争が相次いだ）の教師に教育を受けた高校生が、自分たちで戦時中の教育内容を研究した成果をまとめた本を、彼ら自身から贈呈されました。一般にドイツでの六八年学生運動の影響は、日本と違って非常に広く見られるように思いました。例えば六八年当時の活動家ルディ・ドゥチュケ（西ドイツで学生運動などの指導者として活動。ヴェトナム反戦のデモなども行った）の本が八六年になっても本屋で平積みになっていましたが、同時期の日本では、六八年の学生闘争のことを書いた本などは全くなかったと思います。ドイツでは六八年当時、若者が、「父よ、あなたは戦争当時どうしていたのか？」と親世代のナチ時代の行動を問いただしたことが、戦争責任や過去の克服の問題に大きな影響を投げかけたと定説になっていますが、これも日本とは著しく違います。

最後に、ブラント首相（ヴィリー・ブラント。第二次大戦中、ナチスへのレジスタンス活動に従事。初のドイツ社会民主党［ＳＰＤ］出身の首相。七一年ノーベル平和賞受賞、七三年に東西ドイツ基本条約を結び互いを正式な国家として承認した）の東方政策（東側諸国との関係正常化を目指したブラント政権の外交政策）とその後の影響について触れておきたいと思います。ブラント首相がポーランドで追悼碑の前にひざまずいたこと（一九七〇年）は有名な話ですが、その後続けた東方政策が、ベルリンの壁崩壊直後のドイツ再統一を可能にする条件を準備したといえるでしょう。これは再統一に際して西ドイツは、ソ連軍が東ドイツから撤退する費用を負担しました。これはいわば手切れ金とでもいうべきもので、日本の「思いやり予算」とは異なり、とにかく平和のうちにソ連軍に撤退してもらうことを可能にするものでした。

私がドイツを去った後のことですが、もう一つ付け加えておけば、二〇〇〇年に「記憶・責任・未来基金法」が成立しました。これは、戦時中の強制労働に対する補償を統一ドイツが一括して行うための基金を、「記憶・責任・未来」という名前で作ったものです。日本では現在でも、個別の訴訟に各企業が対応している状態が続いていますが、ドイツでは、これで一括処理をする。しかもその名称は、加害の事実を記憶し、その責任としての補償という対応をすることで和解を成立させ、平和な未来を築こう、という意図を示しているものです。

Ⅳ　冷戦終結から新自由主義によるグローバル化へ（一九九〇年代〜）

冷戦終結とアジア諸国の民主化および戦後補償の問題

八〇年代末の冷戦終結は、アジアでは、ベルリンの壁崩壊、あるいは統一ドイツの成立のような劇的な変化をもたらすことはありませんでした。しかし、冷戦体制に支えられていた開発独裁あるいは軍事独裁型の諸国に、民主化の影響があらわれ始める。そのような民主化の結果、多くの国で、抑え込まれていた日本への戦争責任の追求の声、および戦後補償を求める動きがしだいに大きくなります。九一年に韓国で金学順《キム・ハクスン》が従軍慰安婦であったことを名乗り出て以降、特に注目されるようになったのが、戦時下、植民地および占領地の女性たちを性奴隷化したことでした。

私自身は、慰安所の問題については、それが当然のこととして軍隊で受け入れられていたことを知っていただけに、これまでなぜ取り上げることを怠ってきたのかと、とりわけ強い責任感を持って考えるようになりました。

その戦前の体験について、簡単に触れておきます。私が初年兵教育を終わって、重砲兵学校で将校教育を受け、元の隊に小隊長として戻った後のことです。かなり年配と思われた下士官が、ある日私に、「隊長殿、わが隊も慰安所を作ろうではありませんか。自分が慰安所係下士官をやります」という話を持ちかけてきました。要塞という普通の人が入れない鉄条網に囲われた場所だったので、そのようなところに慰安所ができるわけがないことは、彼も知っていたはずです。だから彼は、若造で女性も知らない小隊長をからかうためにそんなことを言ったのだ、と思いました。そこで私は、彼に向かって「そのかわり、もう休暇は要らんな」と返した。そうすると相手が、「いや、かあちゃんは別です」と言って、その会話は終わりになりました。この時私は、何とかこの下士官のからかいをかわすことができたと安心しただけで、慰安所なるものの問題を考えることはしなかった。当時は、植民地から女性を集めても、人の移動が厳しく制限されている中で軍の関与がなければ戦場まで連れていくことはできなかったでしょう。そうした事情は当時はまったく知りませんでした。それで、「軍隊に慰安所があるのは当然だ」という考えを疑おうとはしませんでした。ましてあの厳しい戦争の中で戦場まで連れていかれた「慰安婦」の人たちが、軍の管理の下で、命がけで戦う兵士の性を満足させるため、どのような生活を強いられたかは、軍隊生活を経験した者として当然理解できたはずでした。もし、敗戦当時にこの問題の重要性に気付いていたら、今日のように資料の発見に苦労することもなかっただろうに……という反省を契機に、私は『日本の社会科学』という古い本で宿題として残されていた、戦後の社会科学の反省をすることにしました。そして一九九五年に『社会科学再考―敗戦から半世紀の同時代史』という本を公刊しました。

この本では、日米知的交流、アジア観、近代西欧像という三つの視点から半世紀の歴史的変化をたどり、戦後の社会科学の支配的な動きを分析しました。「アジア観」を入れた理由は、確かに従軍慰安婦の問題を意識してのことです。また、戦後日本の社会科学で支配的だった「発展主義」と「国民国家」という分析の枠組みを問い直すと同時に、ジェンダーと権力の関係を環境問題と並ぶ緊急の課題として分析の対象にしました。ただ、この場合も、国民国家の従属性――言い換えるならば「抑止力をめぐる安保条約の問題」には、なお視線が向いていなかった。この点については、世紀がかわる頃に新たな反省点として意識するようになりました。

従軍慰安婦の問題など、戦争における被害者の戦後補償問題は、アジア諸国の民主化に伴う外からの圧力と対応して、国内でも市民運動として取り組みが始まりました。そこでは、補償対象の多様性に応じて個別の運動がありました。例えば、香港の軍票《ぐんぴょう》（軍用手票。

戦時に軍の発行する通貨代わりの手形。ここでは「大東亜戦争軍票」、すなわち大戦末期に占領地において日本軍が発行したものを指す）に対する補償や、各地の従軍慰安婦に対する問題などです。それらがゆるい形で連携しながら、戦後半世紀の節目に向けて活動を活発化させていきました。例として、私は九五年八月の一か月間に七つの、広い意味で戦争責任と戦後補償に関わる集会に参加しました。同時に私自身も、三木睦子（七四〜七六年に総理大臣だった三木武夫の妻）、内海愛子（社会学者。在日韓国・朝鮮人問題を専門とする）たちと、両院議長――衆議院は土井たか子（元衆議院議員。日本社会党委員長および改称後の社会民主党でも党首を務めた。衆議院議長、政党党首ともに女性では日本初）で、参議院が原文兵衛《ぶんべえ》（環境庁長官、自由民主党参議院議員会長なども歴任。戦後処理の問題に熱心に取り組み、女性のためのアジア平和国民基金［アジア女性基金］の理事長に就任）でしたが、その二人に面会して、国会における対応を要請しました。両院議長は、共に理解を示しましたが、保守派の中では反対も強く、国会の対応は非常に曖昧なものに終わりました。

他方、村山内閣（日本社会党党首の村山富市を内閣総理大臣とする、社会党・自民党・新党さきがけによる三党連立内閣）としては、村山談話で議院の議決の不十分さを補い、それから、他方でアジア女性基金という形で国家補償に代わる対応を示そうとしましたが、これが市民運動内部に分裂を生み出す契機ともなってしまった。

それとともに右派からの巻き返しもしだいに目立つようになります。その現象の一例として、「新しい歴史教科書をつくる会」という形で、教育内容における愛国心強化の企てが動きはじめたのです。

湾岸戦争のトラウマと一国平和主義批判

これまで、この本の主題の一側面として、心に関する面から――つまり記憶の問題について述べてきました。もう一つの面である抑止力、すなわち武力に関しての反動も、冷戦後から激しくなってきます。

その一つの転機は、九一年の湾岸戦争の際に、「金だけ出して軍隊を出さなかったために国際貢献が認められなかった」というある種のトラウマ――これは作られたトラウマですけれども――が、世論操作に利用されたことです。すでにその直後から、「一国平和主義で国内が平和だと安心していてはだめだ。軍事力を海外に出すことで国際貢献をすべきだ」という議論がされるようになっていました。

例えば、海部（海部俊樹。文部大臣を経て首相就任。後に自民党を離党して新進党初代党首となる。自由党、保守党に所属後、二〇〇三年自民党に復党）内閣のときに、国連平和協力法案（ＰＫＯ法案）が出されます。九一年一〇月一六日、社会党党首の土井たか子の質問に対して、海部首相が二五分間の答弁で「平和」という言葉を四四回も使って、「平和のために軍事力派遣が必要だ」と強調したのですが、そのときは通過しませんでした。次の宮沢（宮沢喜一。大蔵官僚出身で、首相在任前後も多くの大臣職を務めた）内閣で、九一年一一月二七日に、衆議院平和協力委員会でＰＫＯ協力法を強行採決することになりました。その後、カンボジア派遣などで自衛隊の海外派遣が既成事実として積み重ねられていきます。ただ、９条の枠があるために、「武力行使はしない」という形での既成事実化です。

さらに問題なのは、日米安保のもとでの日本の対米軍事協力の強化、もっと言うなら、軍事従属の問題です。一九九六年四月、橋本・クリントンによる日米安全保障共同宣言では、日米同盟の目的を「アジア太平洋地域の平和と安全の確保」としました。これは、従来の極東の範囲から広げただけではなくて、「周辺事態」も含めるという、地理的な限定を前提としない形になりました。この宣言は九九年の周辺事態法によって法律的な裏づけを得ることになり、加えて、日米両軍のインターオペラビリティー（日本語では「共同運用」。

軍隊用語で作戦のことを意味する）を高めるという名目で、指揮系統統一化の方向が進められます。そして二〇〇六年、在日米軍再編ロードマップに基づいて、陸海空軍全ての司令部レベルでの米軍と自衛隊の一本化に至りました。

また、自衛隊法の改正が行われ、自衛隊の主な目的を定めている第3条に、従来は84条の4第2項第4号と最後に付け加えられていた「国際平和活動」が、本体任務として加えられました。これによって、集団的自衛権に伴う米軍との協力のための海外派兵も視野に入ってくることになります。このように日本の軍事力の外あるいは上――つまり米軍への従属化が進むと同時に、内あるいは下への抑圧強化も進みます。すなわち、軍事力に国民を巻き込み従わせる方向で、二〇〇三年の武力攻撃事態法（第八条に「国民の協力」という条項を含む）、二〇〇四年の国民保護法の制定が行われることになったのです。

以上、心と物、記憶と武力の両面から、冷戦後の反動化の流れを追ってきました。次に、それを支える社会的条件ともいうべき、新自由主義的なグローバル化の影響を見て行きましょう。

規制緩和と優勝劣敗の正当化

一九九〇年代の初め頃から、米国に始まる世界的な経済的困難は、日本においては、「失われた一〇年」あるいは「失われた二〇年」と呼ばれる時代を生みました。それに対する対応も、また世界的なアメリカの影響を強く受けて、新自由主義的な方向を示すことになった。すなわち、二〇〇一年からの小泉内閣の規制緩和の方向が示すように、市場原理主義に従って優勝劣敗を正当化する特徴を示しています。この変化を社会的な面から見れば、日本型福祉社会のための含み資産だといわれた企業と家族による支えが、終身雇用型の崩壊と少子高齢化による家族機能の弱体化によってはたらかなくなり、無縁社会とも呼ばれる状態が生まれた。これに対して国家は、「小さな政府」（公的サービスのうち、民間で可能なものに関してはなるべく政府の権限や関与を少なくし、負担を減らしていく考え。公営事業の民営化などはその具体的施策の代表例）の方向に沿って、憲法25条（生存権と国の社会的使命について規定している）に伴う義務を果たそうとしないのが当然であるかのような流れが生まれます。

これを思想面から見ると、適者生存の社会進化論的な考え方に従って、自己責任論で弱者を切り捨てることを合理化する傾向が生まれました。これは、基本的人権の尊重を原則とする日本国憲法の精神、あるいは、広く戦後民主主義的価値観に対する反動にとどまりません。近代人権思想という普遍主義的な理念への挑戦であり、シカゴ学派（シカゴ大学経済学部を中心とした一派。市場原理主義を唱え、新自由主義や「小さな政府」と親和性の高い経済理論）、あるいはフリードマン（アメリカのマクロ経済学者ミルトン・フリードマン。経済の貨幣的側面を重視する「マネタリズム」を提唱）などの経済学による世界的な潮流に従ったものです。

しかし、振り返ってみますと、明治初年に天賦人権説（すべて人間は生まれながらに自由かつ平等で、幸福を追求する権利をもつという思想。フランスの啓蒙主義にはじまる）を紹介した加藤弘之が、明治一四（一八八一）年頃に転向して、世界の新潮流として社会進化論を採用し、強者の権利を正当化した、それと同じやり方です。事実、自民党憲法草案解説に天賦人権説の批判が載っていることも、そのことを示しています。

さらに古くまで遡ると、日本の伝統思想の中にある「なる」を中心とした生成のアニミズム的信仰に由来するという主張にも関わりを持ってくる。生命体の生成力の発揮として、力による勢力圏拡大を正当化する考え方が、神話以来の伝統に基づくものとして説明されることになります。一九三四年の悪名高い陸軍パンフレット「国防の本義と其強化の提唱」には、「たたかいは創造の父」とか「生命の生成発展である」と書かれています。また、国体論的な国家主義強化のテキストとして書かれた『国体の本義』（一九三七年）でも、中国への侵略を「国家的生命のやむにやまれぬ発動であった」と述べており、一貫して戦争が国家という有機体の生命活動の発露としてなされたもので、その結果、加害の全ては自然現象のように捉えられる傾向を示している。戦争末期には、ドイツのモラリッシェ（道徳的）エネルギー説を用いて武力の行使を倫理的に正当化しました。

そのような歴史から考えてみると、新自由主義に見られる強者の支配の正当化は、市場原理主義の経済の領域に限られたものではなく、軍事的支配を倫理化する結果をもたらし得るという危険性を、ここで特に強く述べておきたいと思います。中国の脅威を強調して「抑止力」を強化するための「防衛力」増強によって「強い国」をめざしている今日の傾向には、危ういものを感じないわけにはいきません。

記憶の共同体の再編および愛国的儀礼強制と世論

ここでもう一度心の問題に戻り、最近の憂うべき方向について検討しておきたいと思います。

それは、二〇〇六年第一次安倍内閣の教育基本法改正で、愛国心の培養を入れたことです。その頃から記憶の共同体の再編の動きが見られると言えるわけです。「記憶の共同体」とは、私が『記憶と忘却の政治学』（二〇〇〇年）の中で使った言葉です。要するに、武力による侵略と敗北の歴史を忘れ、栄光の歴史の記憶を強調し、そのような一つの共通の記憶による閉鎖的な同調性を作り出すことを示す概念です。これは、靖国神社を崇拝して戦争で死んだ軍人（英霊）と国に殉じたA級戦犯を祀った神社に尊崇の念を示すことによって、もう一度国のために死ぬ、あるいは国のために人を殺すことをいとわない人間を作ろうとする方向性です。これが、かつて植民地化あるいは侵略されたアジアの隣国の反発を招いていることは、周知の通りです。

もう一つ、愛国心の培養にとって重要なものは教育です。すでに見たように、教科書検定における内容修正による記憶の再構成が一つの問題でしたが、今度はそういう内容を持った、つまり「新しい教科書をつくる会」系の教科書を採用する教科書選定の問題が入ってきます。さらに、教育の場では、君が代・日の丸の強制的な儀礼化の問題も見逃せません。この種の儀礼化は、戦前には、まず台湾や朝鮮など植民地の同化政策で採用され、それが総力戦体制下の忠誠競争によって内地でも一般化した。沖縄での集団自決を生み出す基盤になったのも、このような教育の結果です。教育と、教育と関連した世論の形成によって、決定的になったものと考えられます。

世論の形成といえば当然、メディアの役割が考えられます。「今は戦時中のような強制はないのだから、心配はない」と、果たして言えるのでしょうか。すでに、特定秘密保護法のような言論の自由を脅かす法律があることも看過できませんが、その他にも、内在的に警戒しなければならない要素が日本のメディアにはあると思います。原発安全神話にも示されたように、広告宣伝費の持つ影響力は非常に大きい。そのことを考えると、今や巨大化した軍需産業の影響力も考えなければならないわけです。その影響力は、すでに「防衛予算」の増大や武器輸出三原則の撤廃（これで戦車や潜水艦を独占受注している会社など軍需産業が利益をあげるのは当然）を生み出すだけの力を持っているわけですから、これのメディアに対する影響力も十分に考える必要があると思います。メディアに内在する要因としてさらに加えるべきは、寡占化した全国紙は購読者数を争うために横並びになる傾向があるということ。記者クラブ制度も、メディアが政府の世論誘導に動かされる大きな要因となっています。

何よりも重要なことは、メディアの受け手側が沈黙のらせんに巻き込まれ、政府によって誘導された記憶の共同体の同調性に取り込まれる危険性を防ぐことです。その際に警戒しなければならないのが、政府に対する不満や社会的不安をそらすために排外主義的憎悪を駆り立てることとです。このような形の抑圧移譲については、昭和恐慌後に、社会的不安解消のため、排外主義・同調主義がうたわれたという歴史的な教訓から学ぶことが多いと思います。私が『記憶と忘却の政治学』で強調したのは、その点です。

同書でもう一つ重視したことは、日本における従属的国家主義の問題です。日本における従属的国家主義は戦前戦後を貫いています。戦前の従属性は、いわば模範追求的従属性、つまり欧米先進帝国主義に倣うという形で膨張していきます。そして最終的には、それと衝突することになったのですが。いっぽう戦後の従属性は、より直接的に軍事的従属性である点が特徴です。これは、『記憶と忘却の政治学』の第三部で特に着目した点です。

現憲法が占領下に制定されたという従属性を強調して自主憲法を制定すべきだと主張する人は、まずそれに先立って、行政協定で領土内の犯罪でも自国の法廷で裁判できないものがあることを改める必要があるでしょう。また、安保体制の下にある状態を変えなければ「自主憲法」で国防軍を創立しても、それは事実上米軍の指揮を受ける軍隊になるでしょう。これらは今日の日本が軍事的従属性にしばられている結果です。

じつは、二〇一二年に公刊した『安保と原発』という本で、私としては初めて安保というものに絡めて、軍事的従属性の問題に正面から取り組みました。この問題をここですべて繰り返すことはしませんが、一四年七月に集団的自衛権容認の閣議決定がなされたので、そのような現状を考慮した上で、従属的軍事化の危うさについて、次に要約しておこうと思います。

集団的自衛権容認による従属的軍事化の危うさ

集団的自衛権容認の理由として、「国民の生命を守ること」が挙げられていますが、果たしてそう言えるのか。つまり「外国における在留邦人の命を守るために自衛隊を派遣する必要がある」ということが、むしろ在留邦人の命を危うくするのではないかということです。先にも話しましたが、アフガニスタンでＮＰＯとして現地の農業振興等に活躍しているペシャワール会の中村哲会長は、「自衛隊は来ないでほしい。来るのは危ないから」と言っています。それは、最近の経験によるものです。アメリカがアフガニスタンに侵攻し、日本がインド洋で給油するという形で支援をするようになってから、それまでペシャワール会の車には、日の丸を描いていることが安全につながっていたのに、危なくなったので全部消したという経験がある。

「日本は海外で武力を用いない」という定評を守ることこそが、海外邦人の生命を守る最もよいやり方なのではないか。もし、日本の自衛隊が米軍と一緒に武力行使をしたら、この大切な定評が崩れてしまう危険性があります。このことは、例えば日本で一番古いNGOの一つである日本国際ボランティアセンター（JVC）前代表の熊岡路矢も指摘しているところです。「自衛隊を呼びたいと思ったことは一度もない。9条があるから自分たちは安全を守ることができたのだ」と言っています。これも前に話しましたが、歴史的に見ても、一九三二年一月に上海で日本人僧侶が殺されたことを受け、「在留邦人の生命を守るため」といって軍隊を増派し、それが軍事衝突を大きくして、大規模な戦争に至ったという実例がある。しかも戦後の歴史家の研究によれば、実はこの僧侶殺害は、日本軍が中国人に金を渡してやらせたということが明らかになっています。今日、同様のことが繰り返されることはないにしても、在外邦人保護という名目で自衛隊を派遣し、実際にはすでに日本人がいなくなった後も、米軍の指揮下に入ってそのまま戦闘に従事することは、十分にあり得ることです。

また、「およそ軍隊が国民の命を守るか」ということ自体も問題とされるべきです。アジア太平洋戦争の際、沖縄の戦場では、軍隊は国民を守るどころかスパイとして殺し、あるいは集団自決を促した事実があります。これは、必ずしも天皇の軍隊だからということではなく、およそ軍隊という組織は、戦闘を主として敵を殺すことを目的としており、「その目的達成のためには、国民の生命さえ犠牲にしても構わない」という考え方が、どうしても強くなる。まして現在のように、アメリカ軍の指揮下で武力行使を行う場合には、戦闘という目的のためにそれ以外の、一般住民の生命や生活といったものが犠牲にされる可能性が高くなることは、避けられません。

さらに歴史的経験から心得ておくべきことは、戦争というものは、最初から宣戦布告を伴った大規模なものとして行われる場合は、むしろまれだということです。小さな衝突から始まったものが、徐々に拡大して大きな戦争になるのです。ヴェトナム戦争の場合もそうですし、日本の中国に対する侵略もそうでした。やがて引くに引けなくなるということが通常です。したがって、「在留邦人の命を守るため」、あるいは「石油輸送の生命線を守る」など、もっともな口実で小さな衝突が始まり、それがしだいに拡大して撤退できなくなる場合を考えておかなければなりません。

歴史的経験から学ぶべき点は以上のようなことですが、反対に、第二次大戦までと今日とでは異なる条件があることも考えておかなければなりません。それは、「報復の地球化」ということです。つまり、人々の移動が自由になり、技術が進歩した結果、いつ、どこで、どのような報復が、誰に向かってなされるか分からなくなっているということです。まして、日本のように原発をたくさん持っている国においては、原発に対するテロが行われれば、核攻撃に相当する影響力を持つことを忘れるわけにはいきません。9・11を見ても、「報復の地球化」は明らかです。これを防ぐには、アメリカと一緒に軍事行動をやらないことが一番いいわけです。例えば、二〇〇四年にイラクに軍隊を派遣していたスペインで、地下鉄テロ事件がありました。その直後の総選挙で野党が勝利して政権が替わり、イラクから撤兵したら、完全にテロはなくなった。そのかわり、イラク戦争に協力していたイギリスで、今度はテロが起こったということがありました。

もう一つ付け加えておくべきことは、先述のように、海外での武力行使は徴兵制を必要とするようになるという点です。安倍首相は、「アメリカでも徴兵制は必要としていないのだから日本でも必要はない」と言っていますが、アメリカの場合は、なお若年人口の比率が高い。特に移民の若い人たちにとっては、兵隊になることが早く市民権を得られる方法だということで、軍隊に応募する人が多くいます。日本では、少子高齢化で若者が少ないので、もし自衛隊の海外派遣で死者が出たとなると、応募者は急減し、徴兵制にしないと兵士の数を維持できなくなる可能性があります。そうすると、かつて韓国で徴兵された人がヴェトナム戦争に派兵され、多くの犠牲者を出しました。同様のことを日本が繰り返すことになるかもしれないのです。

Ⅴ　総括

軍国青年への反省から出発した研究の検討

以上、一通り現在までの動きを追ったところで、振り返って、私自身が研究者としての社会的責任を果たしたかどうか反省してみたいと思います。

私は元来、「なぜ自分が軍国青年になったのか」という問題を明らかにするために研究者となりました。したがって私の社会科学者としての研究が、日本で再び軍国主義の時代が繰り返されないようにすることを目指していたのは、当然のことです。ところが、最近の軍事化への動きを見ていると、私の研究が本来の社会的責任を果たしてこなかったのではないか、という疑問が起こってきました。

そこでまず、この章の初めに挙げた、「抑止力としての武力に関する物の問題」と、「戦争の記憶を中心とする心の問題」という二つの焦点について、振り返ってみたいと思います。

武器の使用による武力行使の問題については、敗戦の記憶が遠くなるに従って、憲法9

条に依存した平和を当然のこととして受け入れるような状態――これは一方では沖縄の現状を忘れてしまっているわけですが――になり、平和の両義性についての敏感さが失われてきたというのが最近の傾向です。平和の両義性とは、前にも述べたように、平和が武力行使の正当化に使われる場合と、武力行使に反対する原理を意味する場合との対極的な関係を示します。安倍首相が「積極的平和主義」と言っていますが、この「両義性への敏感さ」があれば、とても言えるはずはないのです。

海外での武力行使を含む対米協力を「積極的平和主義」と呼ぶとすれば、それは平和主義の本来の意味とまったく違うものです。さすがに英語の場合には「平和主義」（パシフィズム）という言葉は使っていません。「パシフィズム」と言うと、兵役を拒否するような非暴力主義を意味することになります。平和研究者ヨハン・ガルトゥングによれば、「積極的平和主義」とは単に物理的暴力だけではなく、貧困のような「構造的暴力」にも反対する思想を意味します。「積極的平和主義」をそのまま英訳できないような形で使うのは、平和の両義性への敏感さが欠けているためとしかいいようがありません。

もし「積極的平和主義」の名の下、海外で米軍の武力介入に協力すれば、いつ、どこで、どのような日本人に報復が加えられるか分からない危険を生みます。日本国内でも原発下請労働者をよそおって原発の電源を止める形で報復がなされれば、広い範囲の国民に危険が及ぶことになります。

このような傾向の平和の用語法を許すことになったことに対して、社会科学者のどのような弱さが関係しているのか。要約すれば、国家の安全保障という論理の立て方自体の問題性について、十分に検討することがなかったのではないかということが、当面の反省点です。これについては後ほど、根本的な原因からさらに検討します。

戦争の記憶を中心とした心の問題については、戦争の時代が遠い過去になるに従って、被害の面の記憶だけが強く残り、十五年戦争前半の時代に支配的であった加害の面が忘れ去られる傾向が強くなりました。十五年戦争のうち、最初の三分の二が中国大陸を中心としたアジアへの侵略であったのに対し、最後の二、三年あるいは一、二年は敗戦の過程で、本土への空襲その他、被害の体験が強かった時期というふうに区分できます。その後半の部分だけが強く記憶に刻まれてしまっている。つまりこの「加害の忘却」が、アジア隣国での「被害の記憶」と衝突して、しばしば摩擦を起こしているのです。もちろん、それに加えて、加害と差別の歴史を忘却し、栄光の歴史を作り出そうとする意識的、時には無意識的な作為があることも事実です。なぜこれを阻止できなかったのかということが、問われなければなりません。

そこで、続いては、私を含めた社会科学者の研究のどのような弱さが、この結果を招いたのかを反省したいと思います。それは要約すれば、研究における価値的前提として、誰の視点から見るのかということに関するこだわりの弱さの問題です。最も単純化すれば「国家権力の側からの視点か、個人の尊厳の側からの視点か」ということです。もう少し詳しく言うと、物理的あるいは経済的な力への信頼に支えられ、殺人あるいは利潤の効率を上げる目的合理性の視点によるのか、それとも、人間の尊厳への信頼という価値合理性の視点によるのか、という決定的な違いです。言い換えるならば、力を中心とした目的合理性の中で、目的を決める価値的前提を問い直す必要があるということです。さらに言うならば、「殺人を命じる人の立場から見るか、殺される側の立場から見るか」ということにもなります。

しかし、面倒なことには、二つの立場の違いは一見明白なようですが、実はその中間に権力の被害者であると同時に加害者である人たちの灰色の領域が広く存在していて、これが大局的な違いを意識することを困難にしています。例えば殺人を命じられた兵士の場合、一面において兵士自身が生命の危険にさらされているという面では被害者ですけれども、殺人をするという面では加害者になります。殺人ほど明白ではないけれども、経済的な搾取の場合でも、利潤追求という目的合理性に支配された組織の管理のもとに置かれた人たちは、一面では抑圧されていながら、他面では下請けや臨時雇いの労働者を抑圧するという加害の面を持っています。

ならば研究者の立場はどうかといいますと、しばしば権力の関係に中立であるという装いを取り、自分でもそう信じている場合が多いのですが、実は多くの場合、灰色の領域にいることを意識していません。分かりやすいように、権力状況そのものを研究対象とする政治学を例に挙げてみます。まず関係する資料については、中央の権力に近い方が容易に手に入るので、研究者の見る方向そのものがどうしてもその資料に影響され、中央からの方向が強くなる。オーラルヒストリーの場合にしても、政策を決めた人のインタビューを取りさえすれば、それを決めた意図は非常によく分かります。ところが、その政策の効果を見ようと思うと、多くの人のインタビューが必要になります。決めた側のインタビューと比べて、格段に手間と難易度が上がるわけです。私の場合を例にすると、なるべく権力構造の底にまで至る分析を努めたのですが、果たして、権力に対抗する視角をどれだけ貫き得たか、反省の必要があると思っています。

ここでどの視角、だれの立場でみるかによって生まれる考え方の違いについて、私の個人的な体験をつけ加えましょう。私の父が警視総監をしたことは前に述べましたが、父は戦後「ずいぶん人を捕まえたから罪ほろぼしをしなければ」と言って弁護士登録をし、国選弁護士として自分で弁護士を雇えない刑事被告人の弁護に当たることを始めました。何回となく小菅刑務所に通って弁護のために被告の話を聞く間に、父の犯罪人に対する見方が百八十度変わっていきました。取り締まる立場にいた時の犯罪人観は、社会的に許せない悪い者で、処罰すべき対象でした。ところが弁護士として被告の事情を聞いていく中で、犯罪人はむしろ社会的条件によって生み出された被害者であるという見方に変わってきました。ある死刑囚の弁護に当たっていた時、死刑廃止論をやりたいのだが何かよい参考文献はないかと私に聞いてきました。残念ながら一九五〇年代のはじめには、適当な文献は見当たりませんでした。とにかく立場の違いが犯罪人の見方を憎むべき悪人から同情すべき気の毒な人へと変えた例としてあげておきます。

ただ面倒なことには、そもそも前に述べた「権力に対抗する視角」とは何かということが、常に明らかであるわけではないのです。例えば五五年体制のもとで保革対立が明らかであった時のこと。革新の立場を取ることが権力に対抗する視角であったかといえば、必ずしもそうとは言えない。なぜなら、革新勢力そのものが、保守勢力と同じような既得権益をめぐる利益集団の囲い込みに傾くという、保守勢力と同じ体質の構造を持っていたからです。それゆえ革新勢力は、権力をめぐる争いの中で、結局負けてしまいました。権力構造の中央からの視角に対抗する視角は、自明のように見えて、決してそうではないのです。権力というものは重層構造をなしており、灰色の領域が広いため、「権力に対抗する」と称している運動自体が、権力に取り込まれていくことが、しばしばあるからです。そして、いったん権力に対抗する運動の組織が作られたとしても、それ自体が権力構造を持っているわけですから、結局は内部で腐敗して、外面的に強いものに従属する危険性も、常に存在するわけです。

したがって、今までの政治学研究者の多くに見られた弱さを克服するための方法としては、権力状況の中で、常により不利な立場にいる他者からの問いかけに応えていく姿勢が考えられなければならないと思います。すなわち自分より弱い位置にいる他者の立場に立って考える気持ちを他者感覚と呼ぶとすれば、その他者感覚をとぎすますということです。これは、「一度その姿勢を取ったから、それでよい」ということではなく、「権力は腐敗する」という金言を常に念頭に置き、永遠の課題としての他者感覚を絶えず自分が追求する義務を、自身に課することが必要になります。この永遠の課題としての他者感覚に支えられた永久革命としての民主主義の持続こそが、権力に対抗する運動を可能にするのだと思います。

なお、ここで言う「永久革命としての民主主義」とは丸山眞男の用語法にしたがったものです。すなわち民主主義の三つの面の中で、制度としての民主主義は動かないものだが、理念と運動の面では民主主義は永久革命として不断に追求すべき課題だという考え方を指しています。

第五章　また戦争に向かうのか
――戦前と今日の状況の共通点と違う点

言論の自由の制限と排外的愛国心の煽動

はじめに、今日の状況がどのような性格のものかを判断しておきたいと思います。基本的な性格において、戦前と共通している点を確認しておきましょう。思想言論の自由が制限されると、許される思想の幅が狭くなり、その狭くなった範囲で忠誠競争がくり広げられる可能性が生まれます。この条件の下で権力の側から排外主義的な憎悪を煽った場合、極端な不寛容の空気が生じ、人々から考える能力が奪われ、国際的には孤立、国内的にも自身が作り上げた世論にしばられて権力の驚くべき機能不全が起こります。このような言論の制限と愛国心の非寛容化および忠誠競争が思想の崩壊を招く、というのが、この悪循環の帰結です。

こうした方向に向かう変化を生み出す素地が、すでに充分備えられたようにみえます。特定秘密保護法が成立・施行されましたが、何が「特定秘密」なのかさえ明確でないこの法律によって、思想言論の自由に対する最初の枠づけが加えられることになります。つまり、この法律によって起訴された時、なぜ当該事件がこの法律の対象になるのかを問題にしようとする場合には、秘密とされる事項の内容を明らかにする必要があるのですが、それは秘密だから公開の法廷で明らかにできないということでは、被告の人権を護ることも難しくなります。

また特定秘密は国会で討議する場合も秘密会で扱うという形で、国民の目が届かない所で議論されることになります。さらにこの法律では、共謀、教唆、煽動も処罰の対象となるので、公務員だけでなく、誰でも対象となる可能性があります。とりわけ報道のための取材への影響が危惧されています。この法律が報道の自由への脅威となっていることは、国境なき記者団による「報道の自由度」の国際比較で二〇一〇年に日本が一一位であったのが、二〇一四年に五九位に下がったことにも示されています。この法律は「国家の安全保障」の名の下に、戦争か平和かにもかかわる重大な情報から国民を疎外する点で、主権者である国民の知る権利への挑戦とみるべきでしょう。

特定秘密保護法が施行されてどのように運用されるかについて、ここで予測をすることはやめておきます。というのは実際の運用を規定するのは多くの場合、国民の反応如何にかかわるからです。およそ言論の自由を規制する立法で注目すべきことは、その威嚇効果（あるいは萎縮効果）です。たとえば治安維持法も、それによって処罰された人の数よりはるかに多くの人が、取り締まりを恐れて自主規制をしたことで大きな効果をあげました。逆に、戦後の治安維持法といわれた破壊活動防止法の場合には、反対運動が強かったので威嚇効果はみられませんでした。威嚇効果を生み出す自主規制の問題は、あとで述べますが、特定秘密保護法が施行された今日、これを動かないものとするのではなく、運用による社会的効果を小さくする方法を考えるべきだという点を強調したいと思います。

他方、愛国心の煽動に向けては、第一次安倍内閣当時の教育基本法改正で、愛国心育成のための基本的方向が示され、その後の学校教育法改正などで制度化が進み、やがて教科書改訂などに向けて一層具体的な姿をとることになるように思われます。現政権は愛国心教育によって「国のために血を流す」決意をもった青年が育つことを期待しているようです。しかし「政府の行為によってふたたび戦争の惨禍が起ることのないやうにすることを決意し」（日本国憲法前文）た国民に、また戦争に参加することを求めるのは容易ではありません。「国のために血を流す」こと、すなわち命をかけて人を殺す決意をよびさますには、それだけの説得力のある内容を持った愛国心が必要です。ところが、その方向は「美しい日本」とか「日本を取り戻す」などという抽象的・感覚的な形でしか示されていません。そのため、具体的には血を流すことを強いる国家権力による規制の強化（最後には徴兵制）になるのではという危惧が大きくなります。これも後にふれる自主規制の問題とかかわりますが、何を基準としてよいか分からない場合、権力側が判断するであろうことを予測して、それに迎合する傾向が生まれる可能性があるからです。

ここで、集団的自衛権という形で海外での武力行使が行われるようになれば、第二章の最後に引いた武野武治《むのたけじ》の言葉のように、「戦争は始めさせてはだめだということです。始めてしまってから、『ああ、こりゃひどい。こんなことになるのなら』といって、やめさせようとしても、やまないんです」ということになる。一度戦争が始められ、自衛隊に死傷者が出れば、愛国心をめぐる忠誠競争に拍車がかかり、自由の制限の増大と愛国心の昂揚との悪循環が急速に進行する条件は全部揃うことになります。集団的自衛権の容認に当たっては、十分な限定がされているから大丈夫だという意見もあるでしょう。もちろん、どのような形で立法化されるかによっても違いますが、一般的にみて、一度小さな穴が開いたら、そこから先は既成事実の積み重ねで、小さな武力紛争が大規模な戦争になるという事例はいくらでもあります。そして今日のように、報復が地球化している状況の下では、いつどこで何が起こるか分からないという危険性を指摘しておきます。

ここで予想される反論に対して先に述べておきますと、まず集団的自衛権行使については、詳しい要件が決められているから心配ないという見解があります。「我が国の存立が脅かされ、国民の生命、自由及び幸福が根本から覆される明白な危険がある」場合という形で限定されているから大丈夫だというのです。しかし、結局この文言がどのような現実的状況を指すのかというのは、解釈の問題です。政府がこの要件に相当すると解釈した場合、その判断をくつがえす具体的な方法が明らかでない限りは、勝手な解釈による危険性を避けることはできません。

次に考えられる反論として、戦前には天皇の統帥権の下にあった軍部の発言権が強かったのに対して、今日の自衛隊が自分の判断で戦争を起こす可能性はないという見解が示されるでしょう。それは確かにないと言えるでしょう。しかし、集団的自衛権がその時の状況でしかるべき口実の下、つまり日本国民の生命に関わるという名目下で自衛隊が武力行使を認められたとします。そうなると自衛隊は事実上米軍の指揮下にあるため、「必要最小限」の武力行使に限るといっても、その範囲はいくらでも拡げることが可能となり、いくらでも戦闘が拡大することになります。

もう一つ予想される反論として、元来安保条約は、米国が中国に説得したように、日本の武力が暴走しないためのビンのフタではないかということがあります。米国は現在中国と戦争する気はなく、むしろ日本が尖閣のようなところで武力衝突をすることを嫌がっています。確かに、アメリカが中国に対する戦争を避けようとしていることは事実です。しかしその他の地域について米国が地上戦を必要とするに至った時、もはやアフガニスタン、イラクの経験から、アメリカが地上軍を派遣することは国内政治の面で（財政的負担の面からも、人的損害を避ける必要からも）困難となっています。そこで地上軍は日本にまかせてやってもらおうというのが最も考えられるケースです。ちょうどヴェトナム戦争の時韓国軍に働いてもらったのと同じように、しかもあの時は米軍が主体で韓国軍は部分的援助でしたが、今度はおそらく米軍の指揮下に日本の自衛隊が主体となる可能性が高いでしょう。そうなると自衛隊の応募者は減り、徴兵制になる可能性もあります。韓国では徴兵された多くの（二千人ともいわれる）兵隊がヴェトナムで死んだことを記憶しておく必要があります。

自衛隊員に犠牲者が出て、「必要最小限の武力行使」という条件を超えることになった時、日本政府はアメリカの意思に反して撤兵をすることができるか。沖縄における米軍基地の実情をみても、日本政府が日本国民の犠牲に関してアメリカに正当な要求をしてこなかったという事例からみても、それは容易ではないでしょう。

また、尖閣の問題については、米国の意図に反して、すなわちビンのフタをはねのけて、日中間での軍事紛争を起こす可能性もあります。これは後にふれますが、結局領土問題にこだわって紛争を激化させるのか、それともたとえば周辺海域の共同開発などで協力関係を生み出すかという選択の問題です。その場合、長期的にみて賢明な対話と協力の方向がとれるかどうかは、政府と世論の関係に影響されます。その点を次にみてみましょう。

メディアの役割は戦前と違うか？

政府が対米従属で武力行使を止められない場合、メディアの役割はどうなるでしょうか。

その予測をする前に、戦前と今日のメディアの違いを明らかにしておく必要があります。まずメディアの担い手の面で、戦前には新聞とラジオ、そして部分的には総合雑誌の役割が中心でした。今日では新聞よりもテレビ、インターネット、それに総合雑誌に代わって週刊誌の役割が大きくなっています。

これに加えて、メディアの内容を発信する人的要素にも変化が見られます。明治・大正期の新聞記者が権力から独立した思想家の面も併せ持っていたのに対し、昭和のジャーナリストは組織人であり、新聞の販路拡大に配慮しなければなりません。さらに総合雑誌で論文を書いていた知識人も、戦争の進行とともに既成事実の事後的正当化に従事するようになりました。

戦後、知識人と言われる人たちは、総合雑誌上で発言を続けるようになりました。しかし六〇年安保当時を最後に、その影響力は急速に低下します。テレビや週刊誌のような新しいメディアの出現もひとつの要因ですが、それに加えて六〇年代末の大学紛争が知識人の権威を低下させる結果となった面もあります。読者の側でも、特定の思想を持った主張よりは、「客観的」とみえる説明の方を好む傾向が強くなってきた影響もあるかもしれません。

その後今世紀に入ってからは、新自由主義の影響もあり、言論機関の経営組織としての管理強化という面からもメディアの論調の画一化が進むことになります。それを嫌うジャーナリストはフリーの立場でノンフィクションを書く道を選ぶ場合もあります。しかし、そのような作品の読者は少数です。またそのような少数意見を「売国的」などと言っておしつぶす非寛容の空気が「週刊誌」やメディアを通して広くみられるようになりました。

さらに、新しいメディアとしてのインターネットの出現で、事情はまた大きく変わります。インターネットは社会的メディアとして、権力批判の方向で使われる可能性もありました。例として、毎週金曜日の、官邸前反原発抗議行動を呼びかけるために利用されたことなどもありました。しかし、より大きな比重を持ったのは、ネットポピュリズムとも言われる情動的な影響力の方でした。ツイッターのつぶやきによる言葉の作用の断片化・情動化は、非常に特徴的な事例です。テレビによる「一億総白痴化」が叫ばれたのは経済成長華やかな時代の消費文化の享受の結果を批判したものでしたが、今日格差拡大に伴う一般的な経済的被差別感という被害感情が、ネット右翼による情動的な排外主義煽動の結果、草の根ファシズムを生み出す可能性さえ警告されるようになりました。作家で社会運動家の雨宮処凛《かりん》（もともと右翼系活動家であったが、新自由主義への疑問から左派系論者に転向。雇用・ワーキングプア・格差問題などを中心に活動を行う）は、かつて一時右翼に参加したのは、アルバイト先で「韓国人労働者のほうが安い賃金でよく働く」と言われ、排外主義者になったからだと告白しています。最近の経済格差の増大、中国に経済的に追いこされたことへの心理的影響などの社会的要因が、排外主義的憎悪の煽動と相まって、広い社会層のメディアに対する情動的反応を生み、それをメディアの側も利用し、加速させるという悪循環を生み出している面があります。

最近の事例としては、吉田証言（一九八〇年代、文筆家の吉田清治が、軍の命令で朝鮮人女性を強制連行して慰安婦にしたと告白。九五年に、これが創作だったことを吉田本人が認めた）の誤報批判から従軍慰安婦一般の否定に至った『朝日新聞』バッシングがありました。週刊誌やインターネットでは、「反日」「売国」あるいは「国益を損なう」「日本を貶める」という言葉が飛び交いました。もちろんこれには、寡占化した競争紙、つまりライバル新聞社が、これを機会に『朝日新聞』批判によって自社販路の一挙拡大を狙っているという背景もあるといわれています。

なお、『朝日』バッシングに関連し、元朝日記者の植村隆の人権を危うくする事態が週刊誌とネットを通じて発生しました。全国紙では十分にとりあげられていないので、以下に概要を説明したいと思います。植村が署名入りで発表した記事は二つで、いずれも吉田清治証言とは無関係で、どちらも慰安婦として名乗り出た金学順の告白に関するものでした。その中に「挺身隊」という表現はありますが、それは挺対協（韓国挺身隊問題対策協議会）の名前にも示されているように、当時韓国では一般に使われていた用語で、日本の全国紙も当時はすべてこれを用いていました。また強制連行に関する記事もなく、『朝日新聞』社の検証でも「記事ねじまげはない」とされています。

ところが『週刊文春』は、「捏造記事」による「売国行為」として、植村を公然と非難しました。それを受けて、インターネット上での攻撃が激しくなります。公募によってすでに教員として採用契約をした神戸松蔭女子学院大学では、「過激な団体からの攻撃に学生がさらされる」ことを恐れて、採用を取り消したい意向を示します。現に非常勤で教えている北星学園大学に対しても『週刊文春』から「大学教員としての適性には問題ないとお考えでしょうか」という質問状が出され、大学も一度は次年度の契約をしない意向を示しました。ただし後に撤回されます。

この間、ネットでの攻撃はさらに激しくなり、植村の一七歳の長女の写真を載せ、「自殺するまで追いこむしかない」と書かれて、家族の安全も危うくなります。しかし他方では植村を応援しようという運動もひろがり、それまで三百通以上の抗議メールがあったのに対し、その三倍をこえる応援メールが送られました。また三八〇人の弁護士たちの勝手連的な動きもあり、司法上の対抗策も進められようとしています（詳しくは植村隆「私は戦う」、『世界』二〇一五年二月号所収参照）。同じインターネットというコミュニケーションの手段が、相対する勢力によって利用されているという意味でも、注目すべき事例だと思います。

グローバリズムと資本の力

戦前期に愛国心の昂揚にむけてメディアが競争したのも、結局は販路拡大のためだったということには、第二章でも触れましたが、今日も変わっていません。いや、利益追求のための目的合理性が強くなっているという点では、今日のグローバリズムの下での新自由主義とともに、さらに露骨になっているともいえます。

すなわち、一パーセントと九九パーセントと言われるように、世界経済をきわめて少数の金融資本家が支配し、その下で利潤追求を至上目的とする傾向が世界的な潮流となっています。このような中でメディアの利潤への関心は、組織としては否定できない比重を占めるに至っています。二〇一〇年三月一一日、東日本大震災による原発事故で、原発安全神話がどれほどの広告費で支えられてきたかが明らかになりましたが、これは一般に知られていない、「言葉の商品化」でした。

アベノミクスと呼ばれる（これもメディアを通じて広められた）経済への関心は、株価維持、法人税減税という財界の関心に沿った形で強められたものであり、逆進性の強い消費税の増税と派遣労働の規制緩和という格差増大を招来する政策と表裏をなしています。

そして、このようにして生まれた多くの庶民の不安と不満を排外的国家主義に吸収するというのが、資本によってメディアに与えられた課題となります。さらに、財界の要望に沿って原発の再稼働だけでなく、原発輸出まで敢行し、増大する軍需生産に対応し、防衛費の増大、武器輸出禁止三原則の撤廃という方向がうち出され、それらすべては国際政治における脅威の増大に対処するためという愛国心の煽動によって合理化されるのです。こうして財界の要望に応えることによって、企業からの政治献金を与党に導入するという形で資本の影響力はメディアを通じてだけではなく、直接政治権力に及ぶことになります。

それでは、このような過程で利用される愛国心がどのような結果を招くことになるのか。

次はそれについて考えてみたいと思います。

戦前と違う愛国心と、その機能

表現の自由の制限と関連して、悪循環を生み出すもうひとつの極としての愛国心について、戦前との違いを確認することから始めましょう。

現在との最大の違いとして、戦前には、基本枠である教育勅語にしたがって文部省が出した国体思想の解説書『国体の本義』が、愛国心のあり方を規定していました。それは論理的な整合性を持ったものではなく、非合理的・神秘主義的な要素を含んだものではありましたが、ともかく文字になって明らかに示されたひとつの基準ではありました。しかし敗戦後は、戦前の超国家主義を克服するため、教育勅語は否定されます。それに代わりうるものとして、天野貞祐《ていゆう》文相（哲学者で専門はカント哲学。獨協大学初代学長。吉田茂内閣時代の一九五〇～五一年、文部大臣を務める）の時に、「国民実践要領」の公布が期待されたこともありました。これには愛国心の内容も含まれていましたが、世論の反対が強く、「天野勅語」などと呼ばれて揶揄され、結局実現には至りませんでした。国家が国民の道徳基準を定めようとする企ては、その後一九六六年に「期待される人間像」を制定する場合にも繰り返されることになりました。しかしながら、結局、文章化された愛国心の基準というものは、今日に至るまでどこにも示されないままになっています。第二次安倍内閣の改造人事では、一九閣僚中の一五人が、日本会議（「美しい日本の再建と誇りある国づくり」を掲げ、政策提言や運動を行う民間団体）の関係者と言われ、過去の愛国心への郷愁を示しています。しかし、このうちの何人が、いったい私たち世代のように、教育勅語を暗唱しているでしょうか。「自虐史観」の克服という形で戦前への郷愁をかりたてることはあっても、それはあくまで現状への否定面からみたものであり、積極的内容を示すものではないように思われます。

このように基準となる価値、それを示した教育勅語のような「おもて言葉」の中心をなすものを持たない今日の愛国心の機能は、戦前と比べてどう違うか。ある意味では弱くなった側面があると同時に、決して危うさが軽減されたとはいえず、恐さを増した側面もあるという両面をみる必要があります。

（1）弱くなった面

いまや中心的価値がなくなったため、それにむけて人心を吸収する力は失われました。

戦前なら国体護持のために命を捧げるという人が多かったのですが、今日では愛国心のために命を捧げるというのは何のためだかよく分からないから、数は決して多くない。国際的な世論調査の比較でも、国のために死ねるという人の比率は日本では他国に比べて低くなっていました。

(2) 恐ろしさが減ったとはいえないのはなぜか

まず、規準とする価値がなくなったので、「おもて言葉」をよろいとして使って自分を守ることはできない。そのため、何が「売国者」として非難される口実になるか分らない恐さがあります。戦前なら、「かしこくも教育勅語には〝国憲を重んじ〟とあるのだから、大日本帝国憲法に規定されたことにしたがえばこの行為は正当である」という主張ができました。しかし今日では、憲法そのものを「押しつけ憲法」として否定する自民党の態度に対しては、自分をどのように守ってよいのか、そのよろいを求めることができないのです。

さらに、内容的な基準がないために、かえって形式的儀礼の強制に頼る面がより一層強くなっていることです。戦前でも、価値内容で人心を惹きつけることの難しい植民地では、形式的儀礼の強制が先行し、その傾向がしだいに内地に逆輸入されることになったわけですが、今日の状況はかつての植民地の場合よりも一層、愛国心の価値による自発的人心吸収が難しいため、君が代・日の丸に関する儀礼の強制を細かい形式まで規定する傾向が強くなっています。この点について教育現場での処分をめぐる多くの裁判が起きていることは周知のとおりです。

もうひとつ、愛国心の内容が不明のため、「売国」と攻撃されることを恐れて自主規制をする場合が生じていることが挙げられます。つまり、何をしたら愛国心に反するのか、内容的に決める基準が明らかではないので、売国的行為だと攻撃される可能性を防ぐために、自分のほうで危ないことは避けようと規制を強めてしまっているのです。9条を読みこんだ俳句を自治体の広報誌に載せることをやめたり、9条の会が自治体のイベントに参加することをやめさせたりするような最近の事例は、およそ「政治的」だと非難されうることはやめておくことが安全だという自治体の態度によるものです。このような傾向は、いたずらに排外的憎悪をあおる右翼の極端な集団の影響力を大きくし、またその攻撃を恐れるメディアもこれに追随することになると、社会全体の右傾化を進める結果となります。

価値基準を持たない愛国心の煽動は、このような消極面からではあるけれども、結局権力を持った政府のやることに反対する者は愛国的ではないというところまで人々を追いつめることになります。つまり、政府に反対するのは「国益」に反するという権力的基準が、価値的基準の空白を埋めることになるというのは、きわめて危険な帰結です。

このような視点から、今日における愛国心の危うさを高校生に話していたとき、「愛国心は悪いものでしょうか」という質問をされました。ふりかえってみると、一九七〇年代、八〇年代には経済成長の成果の上に多くの日本人が自信を持っていました。持ちすぎだったといえるかもしれません。それに対し、今日では世界第二位の経済大国の地位を中国に奪われ、何とかして自信をとりもどしたいという気持ちが強くなっているように思われます。「日本を取り戻そう」というスローガンは、そのような感情に訴えようとしているのでしょう。「愛国心とは悪いものでしょうか」という高校生の質問も、そのような日本人としての自信を持ちたいという、今日広くみられる感情によるものでしょう。

では、愛国心は必要ないのか、持っていてはいけないものなのか——。この問題は、愛国心の意味いかんによって決められるべきものだと思います。

国家のために奉仕する心が愛国心だとすれば、それは国家（実は政府）の利益のために利用されるものになるでしょう。そうではなく、自国の国民が世界人類に貢献したことを誇りに思い、その貢献を続けたいという気持ちを愛国心と呼ぶのなら、その気持ちはこれからも育てるべきものだと思います。

日本の今日の状況で具体的に考えてみると、憲法9条によってこれまで戦後六九年間、武力行使によって人間の命を奪ったことがないというのは、日本国民が誇るべき歴史的遺産で、今後も引き続きこの理想を守っていくことを愛国心と呼びたければ、それには賛成です。ただ、直接武力行使はしないが、戦争を支持したり、それによって利益をあげたことがある点に対する反省が必要なことはつけ加えておきます。

しかし、日本が過去に犯した誤りを認めようとせず、勝手に自分で優れた点と思うものを誇りとするのは、自国中心主義の狭く危険な愛国心だというべきでしょう。また、同盟国（米国）のために国外で武力行使をする集団的自衛権を認める国家の政策を支持するのが愛国心だとすれば、それは自国民にとって不幸なことであり、さらに世界人類のためにも危険なものだと思います。

言葉は人心を誘導する手段か、思想を展開する道具か

戦前と今日の愛国心は、内容の点で国体論という価値的支柱があるかないかの違いはあっても、言葉が人心を誘導する手段として使われている点、また、共に言葉が思想を展開する道具としての機能を弱める方向に働くという点でも共通しています。この点を、もう少し歴史的な展開の過程に即してふり返ってみましょう。

戦争の末期に私が言葉を失わされた実感を持ったということはすでに述べましたが、この傾向は決して軍隊組織の末端にある者に限った事ではありませんでした。多くの小中学生、あるいは若者たちは、神風が吹くことを信じており、日本が敗れるとは思っていなかった。言葉の役割を活用してできる限りの可能性を考える力を失ったのは、若者や軍隊組織の末端に戦争末期となって起こった現象ではなく、実は政策決定に当たる権力者たちが、自分たち自身が国民誘導の手段として使ったはずの言葉に影響されて、思考能力を弱めていたのです。松岡洋右たちが自信を持って国際連盟を脱退したのではないこと、あるいは出先軍人が暴走したのに対し、軍の中央が統制力を持つことができなかったのも、す

べて国民を誘導しようとして使った国体論に基づく愛国心昂揚という世論に、政策決定者自身が動かされてしまった結果でした。

政権の中心にある者は、権力の安定化のためには、国体論に基づく「おもて言葉」を使って世論に追随することを必要と感じるようになりました。それゆえ、世論に批判されかねない政策を選択する可能性の追求を怠るようになりました。その結果、彼ら自身が考える能力を弱めていったのです。

権力者たちが困ったのは、自分たちが正当な言葉だと思って使っていた説明が、適合しない事態が生じた場合でした。国体に反する共産主義を倒すために同盟を結んでいたはずのドイツが、その共通の敵であるソ連と同盟を結んだことは、これまでの「おもて言葉」では説明できないことであり、そのために平沼騏一郎（一九三九年、近衛内閣の後を受けて枢密院議長から総理大臣に就任。日独軍事同盟の締結交渉を進めていた）内閣は、「欧州情勢は複雑怪奇」と言って辞職せざるを得なくなりました。

戦局が不利になって講和をしようとしても、これまで「おもて言葉」で叫んでいた「神州不滅」という言葉に縛られて、容易に弾力的な決定ができないという状況が、ポツダム宣言の受諾を遅らせる結果を招きました。結局、「国体護持」という留保をつけることで、これまでとの矛盾を避ける形で受諾の決断をすることができた。「おもて言葉」の持つ圧力が政策決定に影響した最後の場面でした。

敗戦と占領下の非軍事化・民主化によって、戦前の「おもて言葉」は、その基礎としての教育勅語の失効とともに基盤を失うことになりました。そのような状況の下で、南原繁のように平和と民主主義に基づく新しい「祖国愛」を訴える人や、共産党のようにプロレタリア的愛国心を説く人などが現れましたが、私を含め多くの人たちは、もう「愛国心」はごめんだという感じが強かったのです。

このような新しい愛国心論議をよそに、戦後の憲法の想定しなかった事態が生まれました。すなわち、朝鮮戦争開始に伴う警察予備隊の創設です。占領終結後も安保体制の下での対米従属が続く中、新しく作られた日本の軍隊の精神的支柱として、先述のように、五三年池田・ロバートソン会談で愛国心の育成が求められました。一九五〇年以降、日本では再軍備が進められていました。そんな中開かれたこの会談において、軍事化の支えとなる国民の防衛への意識を高めるためには愛国心が必要だということをアメリカ側から示唆され、日本政府はそれに合意します。つまり、日本の愛国心育成を米国から求められるという異常な事態が起こったわけです。これ以後、日本における愛国心の問題は、外から求められる愛国心という自己矛盾を含んだ要請となったのです。

そのような状況下では、愛国心に自主的な基盤を求めることは難しい。今日愛国心を強化しようとしても、戦前の国体論に代わる価値を見出すことができず、内外の仮想敵への憎しみを強めるほかはないという状況にあるのも、この自己矛盾によるものです。

かつて私は『日本の政治文化』で、戦前の愛国心の昂揚を「閉鎖的同調社会における忠誠競争の結果である」と説明しました。これは今でも決して間違っているとは思っていませんが、『日本の政治文化』で特徴として分析した内容については、文化的決定論に傾く危険な面があったことも否定できません。似たような現象は、アメリカの愛国者法の下にあったブッシュ政権でも起こり得るし、日本の中でもおもて言葉に従った忠誠競争に加わらず、言葉を自主的な思考展開の道具として活かしていた事例もあるのだから、先に述べた人心誘導の手段としての言葉の支配が、日本文化に宿命的な現象とは言えません。

愛国心の危うさは、日本に限ってみられる現象ではなく、どの社会にも出現の可能性があります。アメリカの心理学者ジョナサン・ハイトが、愛国心のような「道徳は人々を結びつけると同時に盲目にする」という原理を心理学の方法で明らかにしています。そして9・11以後のアメリカの事例をとりあげ詳しく説明しています（ジョナサン・ハイト『社会はなぜ右と左にわかれるのか』紀伊國屋書店、二〇一四年、第三部)。そこからもわかるように、愛国心は日本だけで危ないものとして現われたものではなく、日本文化に規定された固有の現象でもありません。ただ新しい移民が入ってこない島国のような条件が、愛国心の現われ方を特殊なものにしたというだけです。愛国心が日本文化から生まれた宿命であるという考え方を正すために、日本の近代にも愛国心の危うさから逃れようと努めた人がいる事例をあげておきましょう。

私が会った日本の政治家の中で、人心誘導の手段としての言葉ではなく、自主的な思考展開の道具として言葉を活かした代表的な人物は、六〇年に会った石橋湛山です。富国強兵の延長線上に帝国の膨張を目指す世論と、その結果広く生まれた帝国主義的膨張論に対し、平和主義を誇りとする小日本主義を提唱した石橋は、戦前の困難な状況の中で、この言葉の機能を守り続けただけでなく、戦後も占領政策に追随することなく自己の主張を展開したために公職追放処分を受けます。その後政界に復帰して後は、岸の安保改定に反対し、対中国交回復にむけて生涯の終わりまで努力を続けました。今日の政治家にとって学ぶべき点がきわめて多いと思います。

今日、石橋湛山のような大政治家の出現を期待することは無理ですが、せめて彼の方向を目指す政治家が自分の言葉で思考する努力をしなくなったらどうなるか。もし憎悪をかりたてることによって愛国心を培養する政治が続いたら、憎悪は対話を困難にするから、外に対しては反中嫌韓の世論によって国際緊張を増し、内では『朝日』バッシングのように国内の敵を排除する方向によって異なった意見との対話を拒否していると、やがてはそうして作り上げた世論が政策決定に圧力を及ぼし、現実に根ざした自由な政策決定を難しくするようになる。そうなれば、ネット右翼に見られるような言葉の煽動的利用の影響が政策決定者にまで及び、言葉の思考展開の道具としての機能を失わせることになります。それは外《ほか》でもない、昭和のはじめから愛国心を煽動し、その世論が政治指導者の思考能力の喪失を招き、国際孤立と戦争拡大への道をひらいたという失敗を繰り返すことになるのです。

ただ、希望が持てることもあります。それは、社会全体で言葉の思考展開の道具としての機能が失われている中で、草の根において、新しい対話の芽生えがあるという事実です。例えば、先述のような排外的国家主義の昂揚の中でも、アジアからの留学生と日本の高校生が、自国で使われている歴史教科書を比較して、その違いが何に由来するのかを話し合うといった、国境をこえた民間レベルでの対話の契機が生まれています。また、国内においても、中央の周辺への差別が拡大する中で、隠岐の海士町《あま》にみられるように、Iターンの若者を迎え入れて、開かれた地域特有の発展の方向を見出そうという動きもあります。これらについては後ほど結章で詳しく述べますが、このような地域の多様性を活かした発展の追求は、多様な意見の交流という生きた言葉を媒介とした思考展開の方向を示すものです。

これらの芽を育てていくことによって、言葉の機能の再生による危機克服の希望が生まれることを信じたいと思います。

既成事実の重さとどう闘うか——後世への責任

これまで述べたことで結章に移るつもりでしたが、二〇一四年末の選挙の結果、私の危機感は一層強くなり、もう一節付け加えることにしました。

元来この本の中心にあった危機感は、再び〈戦前〉を迎えるのではないかということでした。要約すれば、一九二五年に普通選挙法（成年男子による普通選挙を規定。それまでは納税額に基づいた制限選挙であったが、以降は満二五歳以上の日本国籍を持つ男子全員に選挙権が与えられた）と同時に治安維持法が制定され、普選法に象徴される大正デモクラシーの風潮から一九三一年の柳条湖事件（日本が所有していた南満州鉄道を関東軍が自ら爆破、これを中国軍の犯行と発表して軍事展開の口実とした）のでっち上げを契機に、中国東北部での軍事行動が始められ、それから一五年間の戦争と軍国主義の時代に移行した――その入口の手前の時点にいま私たちがいるという危機感でした。

というのも、二〇一四年一二月に実施となった特定秘密保護法が、治安維持法と同じように思想言論の自由を制限できる枠組みを示しており、この年七月に閣議決定された集団的自衛権容認の方向がやがて立法化され、実際に海外で武力行使がされるとなると、それはちょうど一九三一年の軍事行動開始と同じ効果を生む可能性があるからです。

軍国青年として育てられ、投票権を一度も使うことなく軍隊に入って、そこでいつでも誰でも命令によって殺すことのできる人間を作るため、毎日十分な理由もなく殴られるという生活を送った私たちは、先輩たちがなぜこのような戦争を始めることに反対しなかったのかを恨みました。しかし、天皇主権、外見的立憲政という体制の下で戦争に反対することが、どれほど難しかったかも理解できます。しかし今日、国民主権・基本的人権の尊重・平和主義を三原則とする日本国憲法を持つ戦後の日本で、もしも一九二五年から三一年までの過程と同様の変化を許すとしたら、それは絶対に後の世代に対して申し訳の立たない決定的な誤りだということになります。

二〇一四年の選挙で半数近くの人が投票に行かなかったという状況の下で、そして有権者の四分の一ぐらいの投票で支持された与党が支配する中で、しだいに既成事実が積み重ねられていき、海外での武力行使の結果として死傷者が出たり、報復テロで国内に犠牲者が出たりするようになり、自衛隊の応募者も減って徴兵制で若者たちが殺人を任務とする組織に入ることを強制されるようになったら、それらはすべて今日の世代の責任だということになります。

「どうせ私たち普通の人間に政治を変えることなど無理だ」とか、政治はやりたい人に「おまかせ」する他はないなどという棄権の背後にある政治意識の問題については、結章で改めて取りあげるつもりです。ここで問題にしたいのは、そのような態度をとる人が半数に近いという事実にどう対処するかという視点からの、実際的行動を方向づけるやり方についてです。つまり、このような態度がどうして生じるかについては、色々な説明がなされてはいますが、それだけでよいのかということです。私自身も、『日本の政治文化』という著作や、この本の中でも随時日本の政治の文化的背景を説明しましたし、これまでに多くの知識人が日本の政治や社会について優れた特徴づけをしてきました。それらの有用性は明らかですが、もしその人たちの言葉をただ説明の道具として使うだけに終われば、そのような分析が生かされたとは言えないと思います。ではどのようにしてすぐれた先人の分析を生かすことができるのか。以下に、丸山眞男の「『現実』主義の陥穽」（一九五二年。『丸山眞男集』第五巻収録）という論文を例として考えてみましょう。

この論文の要旨を私なりにまとめると、次のようになります。政治では現実を大切にしなければならないのは当然ですが、「現実主義」を唱える人がいう現実には、次の三つの特徴があるために、既成事実の追認や合理化という落とし穴に落ち込むことになる。それはすなわち「所与性」と「一次元性」と権力への「従属性」から現実を見ているからだということになります。

「所与性」というのは、既成事実に対してそれは与えられたもの、極端に言えば自然に決まってしまったものであり、だから変えることはできないという見方です。「一次元性」とは、現実の一つの側面だけが強調され、すでに決められたことには他に選択肢がなく、仕方がないことだったとする見方。そして最後の「従属性」は、支配権力が選択する方向こそが現実、つまり「お上《かみ》が決めたこと」だから従うほかはないと考えることです。このような見方から今回の低投票率を説明しようとすれば、実にうまく説明がつきます。しかし、それで満足していては事態は改善されず、私たちの世代の後世への責任を果たしたことにはなりません。それでは、どうすればよいか。

まず、「所与性」の克服については、一人一人の考え方として、政治は自然現象とは違って人間が決めた結果であり、主権者としての国民にはそれを決める権利があり、したがって責任もあるということを明らかにしなければなりません。確かに政治は急には変えられません。急に誰かすぐれた政治指導者が出てきて、一挙に全部困難を解決してくれることを期待するならば、独裁者を生み出す危険性があります。選挙という議会制民主主義で主権者が意思を示すことのできる機会は、たいへん限られたものです。しかし結局政治家も、選挙民の意に反することをすれば再選されないのだから、その意向を尊重しないわけにはいきません。選挙民としては、選挙の機会だけでなく、自分たちの意向を政治に反映させる工夫をする必要があります。そうすることによって、政治的現実を所与のものとするのではなく、自分たちの決めるものに変えていくことができます。

次に「一次元性」について実例で説明しましょう。日本は安保条約によって「核の傘」という抑止力に守られているのだから、軍事同盟を強めるためには集団的自衛権によってそれなりの貢献をしなければならないという説明がなされます。しかし、安保条約というのは日本にとって唯一の選択肢であり、したがって変えることができないと考えるのが正しいのでしょうか。安保条約は二国間の条約で、期限もはっきりしています。たしかに旧安保条約は、占領を終らせるためにはやむをえない選択という面がありました。しかし今日、独立国としての日本は、自分の意志で条約をやめたり変えたりすることができます。かつて米国の植民地であったフィリピンは、自分たちの意思でアメリカの軍事基地を廃止することを決め、それを実現しました。なお、その後米軍の駐留を認めることになりましたが、それは常駐基地化の承認ではありません。

国際情勢が厳しくなってきて、国家の安全保障のために集団的自衛権が必要だというのが政府の説明ですが、それはあくまで一つの見方であり、一つの解決案にすぎません。それが日本の国民の生命と安全を長期的に保障するための最善の策かどうかは、必ずしも一義的に決められるものではありません。どうも政府の説明では、海外で武力行使をした後に何が起こりうるかについて、十分な説明がされていないように思われます。

第三の「従属性」についてはすでに第一の所与性のところでも述べたように、主権者としての国民がその意思を明らかにすることが政治を動かす道だとすれば、政府が勝手なことをしているのは主権者が黙っているからだということになります。

以上のようにみれば、丸山論文をただ現状の説明に使うのではなく、既成事実を克服する道をさぐる道具として使い、それを生かしていくにはどうすればよいかが明らかになったと思います。

今日の危機的状況の中で大切なのは、私たちの世代に課せられた責任、すなわち未来世代と、日本だけではなく世界の平和という広い視野から見て、果たすべき責任の重大さを意識することだと言えるでしょう。

次の世代に対する責任については前に述べましたが、世界の平和という広い視点についてひとつ付け足しておきます。実は私たちの世代は過去の戦争と戦後の状況に関して、まだ「戦後責任」を十分に果たし終えていないということも忘れるわけにはいきません。『戦後責任―アジアのまなざしに応えて』と題する本で、内海愛子、大沼保昭、田中宏というこの問題に長くとりくんできた三人に加藤陽子が聞き取りをした本が、そのことをよく示しています。日本は敗戦後の冷戦状況など、いろいろな事情で戦時中の強制連行・強制労働に対する補償を個別の裁判や調停によって部分的に解決しただけです。

また、敗戦後一方的に国籍を奪われた旧植民地の人たちへの差別（就職や指紋押捺など）

についても、この三人をはじめ運動に加わった人たちの努力によっていくつかは解決されたのですが、未解決の問題がなお多く残されています。日本国籍を持たないBC級戦犯の人たちへの補償はその一つの例にすぎません。

このようにみてくると、政治というものはなかなか動かないものですが、しかし運動があれば、変化の可能性も出てきます。長い活動をしてきた三人の人たちが、なおも戦後責任を果たし終えていないと反省しているのを聞くと、十分に活動していなかった私などは、本当に申し訳なく思います。

過去の戦争に伴う「戦後責任」さえ十分に果たし尽くしていない今日、またしても武力行使によって新しい「戦後責任」を次の世代に負わせるということになったら、その責任は本当に大変なものです。

そのような結果にならないために、私は戦後七〇年を生きた者として、何とかその重大な責任を果たそうと決意を新たにしています。この決意を実効性のあるものにするため、結章では将来への展望を試みたいと思います。

結章　過去から学ぶ教訓と将来への展望

沈黙のらせんを防ぎ、憎悪より対話を

軍隊体験者が戦後、自分自身がなぜ軍国青年になったかを反省し、その成長過程自身を分析対象として研究を志した者として、過去に戦争に至った経緯をふりかえり、今日の危機的状況の中で、何を教訓として学ぶべきかを要約しておきましょう。

消極面からみれば、言論規制があったとはいえ、戦争の拡大に対し沈黙のらせんをひきおこした点から何を学ぶべきかを考えることです。また、積極面からみれば、閉鎖的な同調社会を作って内外の敵を憎む排外的国家主義ではなく、外にむかって開かれた交流に

よって対話から生み出される相互理解に至るべきだということになります。この相互にからみあった両面をよく理解するために、過去の戦争に至る過程と今日との違いを考慮に入れて、もう少し詳しく検討しましょう。

十五年戦争に至る過程で、沈黙のらせんを引き起した最大の要因は、いうまでもなく治安維持法を中心とする思想言論の自由に対する規制でした。出版法その他これに類する規制も、全体として重要な役割を果たしました。今日それに類するものといえば、実施されたばかりでまだどのような効果をもつか分らない特定秘密保護法があるに過ぎません。

そうだとすれば、むやみに恐れる必要はないといえるでしょうか。必ずしもそうではありません。すでに「梅雨空に『九条守れ』の女性デモ」という俳句が市の公民館月報から除かれたという事例や、自治体の催しに「九条の会」は「政治的」であると参加を拒否された例がありました。これらは何ら法的規制によるものではなく、ただ面倒が起こると困るからという自主規制によるものでした。本来なら憲法９９条により憲法遵守義務がある公務員が、このような自主規制をしているのは、「政治的」見解に味方したと攻撃されることを恐れたためでした。安倍首相によってＮＨＫの会長となった人が「政府が右と言っているのに左と言うわけにはいかない」という態度を示したことにも見られるように、そして首相がしばしば主要新聞の幹部を招いて「懇談」していることにも示されるように、程度の差はあるとしても、全体として言論界の政府寄りの傾向は明らかです。

こうしてみると、常に個人が沈黙のらせんにまきこまれないように注意するだけでなく、沈黙を強いる力をどうはね返していくかを考えなければならないのが分かります。言論の自由に対する法的規制のほかに、内外の敵を見出しこれを「売国的」とか「非国民」とか呼んで攻撃する感情的な国家主義も、克服しなければなりません。教育勅語や『国体の本義』を中心とした戦前のナショナリズムのような思想的核心は戦後にはみられませんが、昭和恐慌後の経済的国難に伴う不安と不満に類似したものが、バブル崩壊後あるいは「失われた一〇年」といわれた頃から後の日本でも広くみられます。不安や不満を慰めるために憎悪の対象を見つけたいという潜在的欲求があることは、明らかです。

戦前には、先述のように、「鬼畜米英」撃滅を叫び米英の捕虜が虐待されているのを見て、「おかわいそうに」と言った女性が、「非国民」と非難されたことがありました。これと類似した心理状況を利用しようとする政治勢力が、今日も存在します。最近、『朝日新聞』が慰安婦問題について他の全国紙にもみられた誤報を認めたのを契機に、「売国奴」と言って、週刊誌や一部の全国紙が集中攻撃をし、慰安婦そのものの性奴隷としての存在を否定しようとしたことがありました。これもまた、戦前同様の閉鎖的同調社会にみられる現象です。そのほか、生活保護の不正受給者への集中攻撃なども、社会的不満を抑圧移譲の体系の中で処理しようとした結果です。戦前の総力戦体制が、中央から周辺へ、そして周辺から植民地・占領地への抑圧移譲の体系によって維持されていたように、戦後の経済発展も同じような構造に支えられてきました。内外の敵を見出し、それに憎悪を集中するのも、このように連続した体系の生み出した現象です。

しかし、今日の日本には、かつての戦争当時とは異なった条件もあります。「鬼畜米英」と言っていた当時には、およそ米英人と会ったことのある人はほとんどいなかった。それに対して今日では国際結婚も増え、二〇一二年の全婚姻件数の三・五パーセントを越えるまでになっています。また今日では、いくら反中嫌韓を叫んでも、多くの人が現実にたくさん観光に来ている中国人や韓国人などと会う機会を持っているわけです。

重要なのは、人的接触が多くなっている機会をどのように生かすかということです。先述のように、中国から来た留学中の高校生が、ホームステイの家の日本人高校生と、それぞれの国で使っている歴史教科書を比べて、どうしてそのように違うのかを話しあったという事例がありました。中国からの留学生で、積極的に日本の高校生と対話をしようと運動を起こし、「日中韓高校生サミット」という約五〇人の集会を開いた例もあります。

人的交流を積極的に行い、その成果を生み出している地域の具体例をみてみましょう。

先に紹介した島根県隠岐の島の一つ海士町《あま》は、一時人口が七〇〇〇人から二五〇〇人にまで落ち込み、少子高齢化と過疎化で、やがて町が消滅するのではないかと危惧されていました。そこで二〇〇二年に町長となった山内道雄は、「若者」「馬鹿者」「よそ者」がいれば町は動くという信念の下、商品開発研修生を外から招き、そのほかさまざまな交流の努力により、三年間に七八世帯を受け入れ、年間の出生数も十人から十五人に増加させました。

そのほか、町内町外ほぼ同数の小学生によるアドヴェンチャーキャンプや、全国から未就労の若者を招いた若者島体験塾を開くなど、多くの催しもので外から人を呼びよせることで、交流の場をひろげました。また、人間力推進プロジェクトで真の豊かさとは何かを見つめ直した海士中学生が、修学旅行で上京した際、一橋大学に行って島の実態を講義するという企画を行い、外にむけた交流にも努めました。さらに外国人の学生をホームステイさせる国際交流は、竹島（独島）に近い国境の島という意識に支えられた企画です。

このように、外からの活力も入れた海士町では、隠岐牛やイワガキ、サザエカレーなどのブランド商品を生み出して、「地産地商」と銘打った産業振興と島外への販売によって、島の活性化をはかっています。これは、人の交流をすすめることで、荒れた天気の時は船も通わず孤立しがちな島を積極的な多様性を持った人たちの接触の場とし、草の根からの再生、振興をしている事例です。

この海士町の事例は、単に多様な人間の接触・対話によって積極的な産業発展と豊かで幸福な生活の樹立を企てた野心的なものであるだけにとどまりません。それは同時に、長らく続いてきた中央主導の経済発展の型に対し、地域の草の根から発展をくみかえるという点でも、注目されるべきものです。中央主導の経済発展が、ともすれば周辺を犠牲にし、自然環境を破壊し、地球温暖化を招くものであったのに対して、このような草の根からの発展は、自然と共生し持続性を保つことができます。中央主導でダムのような灰色のインフラストラクチャーによるのではなく、森林の育成と里山再生という緑のインフラストラクチャーによる治水は、漁業の育成にも役立ちます。このような里山と里海を結ぶ自然再生による持続的発展の構想は、すでに高知県などにもみられます。

このような地域から芽ばえた新しい動きを、全国的に生かし、さらに世界の平和の基礎づくりにどのように役立てることが出来るか。この点について将来を展望するために、政治の役割を検討する必要があります。

自発的結社の政治的役割

ここで私たちは、今日のきびしい政治の現実に直面することになります。過去の戦争を体験し、その反省の上に政治学の視点から研究者として長年とりくんで来た者として、政治に対して私たち主権者がどのように立ち向かったらよいかを、根本から考えてみましょう。

まず最初に明らかにしておきたいのは、政治に最善を期待してはならないという原則です。一度にすべての問題が解決できるという政治家がいたら、それはいかがわしい、あるいは危ない政治家だとみた方がよい。はっきり言えば、政治はより悪さが少ないものの選択でしかありえないという原則を肝に銘じておかないと、とんでもない独裁者に出あうことになります。

このことの関連でもう一つ肝に銘じておくべきことは、「権力は腐敗する」というアクトン卿の言葉に示された原則です。この金言は続けて、「絶対的権力は絶対的に腐敗する」

とも言います。

これらの原則をふまえた上で、私たちが考えなければならないのは、現実に腐敗する方向を持っている権力の腐敗をどのように防ぎ、放っておけば主権者たちの利益を忘れて権力の維持を考える政治家たちに、少しでも悪さの少ない政策をとらせることを考えるべきだということになります。その場合の、「より悪さが少ない」とは、相対的にみてよりましだということです。その際には、実際にどれだけ改善されるかよりも、どの方向をむいているかという方向性が大切だということ、そして、その方向にむけた不断の努力が必要だということになります。

話が抽象的になってしまったので、具体例を挙げてみましょう。日本では、一九三七年に近衛文麿が内閣総理大臣になった時、人々は大きく世の中が変わると信じました。ドイツではヒトラーが、イタリアではムッソリーニが出てきた時も、あらゆる問題が一挙に解決することが期待されました。しかし、独伊の強力な指導者は二人とも独裁者となって議会を無視し、第二次大戦をはじめることになりました。独伊と枢軸関係にあった日本では、近衛は独裁者にはならなかった。しかし、近衛をかついで大政翼賛会ができて、すべての政党は解党してこれに加わりました。議会は機能を失い、戦争は自然現象であるかのように拡大して、敗戦に至ったのです。

ここで当然、議会制という制度の役割について考える必要があるでしょう。政治について言ったのと同じく、議会制もまた決して最良の制度ではない。ただ、それを否定した場合にはより悪くなるという意味で、重要な役割を果たしているのです。もちろん、現在の議会制に改善の余地はたくさんあります。一票の格差、小選挙区制が世論を正当に代表しない点を是正するために比例代表の比重を大きくすること、供託金が高すぎるのではないか等々です。

しかしそれ以上に重要なのは、議会制民主主義を補完する方法を考えることです。その一つは、言うまでもなく、直接民主主義的方法です。日本国憲法でも９６条で、憲法改正に際しては国民投票を必要とする旨規定しています。全国的な代表制民主主義を補完すべき直接民主主義については規定がありませんが、地方自治体では、条例によった住民投票で政策決定をすることができます。一九九六年、新潟県巻町の住民投票で原発導入を拒否したことは、その重要な一例です。そのほか最近では、代表制民主主義を補うために討議民主主義（あるいは熟議民主主義ともいう）に関する様々な試みがみられます。これも、現在の日本ではなお地方自治体のレベルのものが多いようですが、野田内閣の時に原発の将来計画について試みられた例もあります。これは色々な形の市民協議会で市民の意見を集める方法や、無作為抽出された市民（ミニパブリック）による討議を、政策決定に活用しようという試みでした。野田内閣の際の討論型世論調査では、「無作為抽出によって電話で事前アンケートが行われ、そこから募った参加者二八六人が二日間、東京に集まってグループ討論などを行い、原発を二〇三〇年に『０％』にするという選択肢を支持する人の割合が、電話調査の三二・六％から四六・七％に大きく増加しました。この結果も考慮に入れて、二〇一二年九月一四日に『二〇三〇年代の原発稼働ゼロを目指す』とする『革新的エネルギー・環境戦略』が打ち出されました」（山口二郎・中北浩爾『民主党政権とは何だったのか』岩波書店、二〇一四年、三一六頁）。

民主政治にとって、これまで述べたような制度は重要ですが、それ以上に重要なのは、その制度を動かす人間の問題です。議会制においては、それを動かす人間集団としての政党の機能に注目しなければなりません。議会が討論の場としての役割を果すためには、当然政党は複数でなければならない。ところが戦前の二大政党は、互いに相手の汚職をあばき、相手の党が国家への忠誠心が十分でないと非難することによって、政党政治そのものへの不信を招き、最後には進んで解党して大政翼賛会に参加することによって、自分からその存在理由を否定してしまいました。戦後は当初三〇〇を超えるともいわれたほど多数の政党が生まれましたが、その多くは間もなく姿を消し、戦前の政党をひきついだ少数の政党の離合集散が行われ、やがて保守・革新の両党が並立する五五年体制に行きつきました。この体制が、それから三〇年以上続くことになりました。

二大政党制ではなく、一党優位制あるいは一カ二分の一政党制ともいわれたこの体制で終始与党であることを続けた自民党は、社会党が三分の一の議席を持っている限りは、立党の時に目標とした憲法改正を実現することはできませんでした。そこで、経済成長で生じた財源を使って、社会党に票が流れることを防ぐために「日本型福祉社会」を作ることを企てました。しかしこのような体制は、バブル崩壊後の経済的困難の中で九〇年代半ばまでに崩壊することになりました。

元来五五年体制を支えていた両党は、いずれも党員から構成された組織の民主的運営によって維持される体質を持っていませんでした。万年与党であった自民党は、財政支出による利益配分をテコに、多くの利益集団による集票によって支えられていました。その体制は、財政的条件が悪くなると、維持することが難しくなります。

他方、万年野党であった社会党も、固有の党員を基盤とするものではなかった。企業別労働組合と官公労（公務員および公共企業体の組合）の勢揃いともいえる連合体を主たる支持基盤としていたので、企業別組合が第二組合によって切り崩されたり、企業に協力して生産性向上をめざすようになると、革新政党の基盤も危うくなります。とりわけ強力であった官公労が、国鉄の分割民営化など民営化路線が進むとともに弱体化し、集票基盤を失っていきました。このようにして社会党は消滅。それでも何とか八〇年代末から始まった市民的要素の支持に助けられて、社会民主党と改称した上で少数議員を維持するにとどまりました。

その後九〇年代半ばの政党再編過程を終えて、小選挙区制と政党助成金の導入によって党中央の統制力が強化され、政党は派閥の連合体としての色彩を弱めることになりました。小泉純一郎の、メディアを利用したポピュリスト的手法による派閥をこえた総裁選での勝利は、指導者と党中央の影響力を大きくしましたが、それは必ずしも党員による民主的運営による党組織の確立にはならなかった。そのことは、世襲議員など伝統的地盤に依存する議員が、なお大きな部分を占めていることからも明らかです。

政党のあり方が、本来の民主的政治組織としてのあるべき姿から遠くなってしまっている現状においては、主権者である国民が政治に影響を与えるのに、政党を通じるという方法は困難となっています。その欠陥を補うものとして、政党外の自発的結社の果たすべき役割が大きくなります。もちろん、長期的には本来の意味での政党、すなわちすべての党員の意思に支えられ、その人たちの民主的討論によって政策を定め、その実現に努めるよう議会で努力する政党を創り出すことが必要です。しかしこれには長期間の持続的努力を必要とするため、当面は既存の政党を所与のものとして、外から政党活動に影響を及ぼす議会外の市民活動に期待するほかはありません。

そこで、主権者である国民が一人ひとりの考えによって集団を形成した、自発的結社の政治的役割に注目する必要があります。自発的結社が政治への影響を及ぼす典型的な例は、議会外からの働きかけによる議員立法にみられます。阪神淡路大震災後に多数のＮＰＯの成立に貢献したＮＰＯ法、およびその後税制上の優遇措置を認めた同法の改正という過程は、自発的結社の働きかけによるものでした。

このように、超党派的に議員の協力を求めて立法をする以外にも、自発的結社を中心とする運動が行政の政策実施に影響を及ぼす場合があります。二〇〇八年末から〇九年はじめに実施された「派遣村」の運動は、その後の活動によって、生活保護に関する相談窓口の一本化などの成果をあげることができました。

軍事化を阻止する消極的対策

この種の具体例を詳しく述べることは省き、本書の目的にしたがって、市民の運動が政治に影響を及ぼす際の目標とする方向について以下考えてみたいと思います。前節の初めに述べたとおり、具体的な政治的現実においては、急激な変化を求めることは難しいので、重要なのは徐々にでも見られる変化の方向です。

もっとはっきり言えば、当面危うく思われている軍事化の方向を、これ以上進めないという現状維持自体も、重要な意味を持つと言わなければなりません。すなわち、消極的であろうともより悪い状態に向かわないということは、具体的にいえば、集団的自衛権を解釈改憲で認めさせず、海外で武力行使することを禁じるということを指します。というのも、そのことがもたらす危険性として、当然武力攻撃への反撃が予想され、それは味方の死傷者を生み出すであろうし、歴史の事例からみても小さな衝突がしだいに大きくなり長期化する可能性が高い。それに過去の戦争と違って、今日では人の移動が自由になり、兵器も小型化されたから、海外での武力攻撃に対する報復として、国内でのテロ攻撃も予想されます。特に日本のように、五〇基以上も原発を持つ国の場合には、原発に対するテロは核攻撃に相当する被害を生み出すことになります。

先述のように、海外の武力行使で自衛隊に被害が出はじめると、応募者が減少するのは当然のことです。それまで経済的理由から応募していたような人たちが減って、定員を充足できないということになれば、徴兵制の導入ということにもなるでしょう。殺人を任務とする軍隊組織で毎日殴られるという形で、命じられればいつでも誰をでも殺せる人間を作る訓練を受けた経験者として、次の世代にこの経験をくりかえすことだけは絶対に許してはならないと思っています。「若者はだらけているから徴兵でしごかれたらよい」という人がいたら、それは軍隊をボーイスカウトか何かと勘違いしています。

集団的自衛権による海外での武力行使容認と関連して、軍事化阻止のためにもう一つ注意すべき問題は、特定秘密保護法とメディアを通じる世論の動きがあります。軍事化を阻止するためには、その危険性について十分に情報が知らせられなければなりません。そのような情報開示のさまたげとなるものとして、特定秘密保護法の問題があります。この法律はすでに施行されてしまったから、変えることはできないという悲観論もあるでしょう。しかし、法が施行されても世論の力でその効果を変えることが出来る例があります。

占領末期の「逆コース」の象徴的立法として、一九五二年に破壊活動防止法（団体の活動として暴力主義的破壊活動を行った団体に対する規制を定めた、特別刑法の一つ。前述の五二年メーデーにおける衝突事件を機に制定された。公共の安全確保を目的とする一方、言論・表現および宗教・結社の自由などを阻害するため、適用には慎重な議論を要する。最近では、一九九五年にオウム真理教に対して適用が検討され注目を浴びたが、見送られた）が参議院の一部修正の上で制定されました。これは戦後の治安維持法とも呼ばれ、激しい反対運動を引き起こしました。その影響で、破防法は危惧されていたような効果を発揮することなく、今日に至っています。法律は施行されたらもう駄目だとあきらめる必要はないのです。

むしろ運動として注意すべきは、前にもあげたような、一部の排外的国家主義の攻撃を恐れて言論の自主規制をする問題です。特にマスメディアが購買数や視聴率への配慮から排外主義に傾きやすい危険性は、過去の戦争の経験からも明らかです。新しいメディアとしてのインターネットには、それを是正する方向にも、また反対に加速する側にも利用されます。結局決め手となるのは、個人間の対話を基礎にした、メディアの使い方（メディア・リテラシー）の問題となります。そのために、草の根からの持続的運動の力が決定的となります。

軍事的な解決から対話による解決へ

以上述べてきたのは、現在進行中の軍事化への動きを阻止する消極的な対策です。これだけでは、より悪くならないように現状を維持することにとどまり、将来よりよくなるという希望が持てないといわれるかもしれません。前にも述べたように、一挙にすべてが良くなる政治を期待するのは、かえって危い面がありますが、少しずつでもより良くしていく方向を明らかにしておくことは、どうしても必要です。

その方向は、簡単に言えば、軍事的な解決の仕方から対話による解決への力点の移動ということです。具体的に見れば、「抑止力を強める」と言って軍備を強化すれば、相手もそれと対抗して軍備を強化して軍拡競争になり、そのことで緊張は高まり、武力衝突の危険性も大きくなる。それに反して、まずこちらの側から攻撃的な武器をやめるなど軍備の縮小の方向を示せば、それは少なくとも相手側の不安をやわらげ対話の可能性も大きくなる。もちろんこれは相手のあることだから、少しずつ反応を見ながらやる必要があります。それにしても、緊張が高まるか、弱まるかという方向の違いは大きいでしょう。

国内の不満を解消するため排外的憎悪をかりたてた結果、政府が生み出した対外強硬の世論に政府がひきずられて戦争になった例は数多くみられます。第一次世界大戦もそうでしたし（小野塚知二編『第一次世界大戦開戦原因の再検討』岩波書店）、日本と中国の間の一五年戦争でも同じことがくり返されました。今日中国の脅威が増大しているといって憎しみを煽れば、同じように危うい結果を招く可能性が大きくなるでしょう。逆に問題になっている海域の共同開発をすることをめざして対話を始めれば、共生にむけた協力も可能となるでしょう。その方向の違いが決定的に重要です。

国内的に見ても、現在自衛隊の存在理由として世論調査で第一に挙げられるのが、災害援助です。これは多くの人が、現実に外からの侵略の危険性よりも災害の危険性の方がはるかに大きいと考えているからでしょう。そうだとすれば、自衛隊で高価な最新兵器を買うよりは、それよりずっと少ない金で、災害援助に必要な機材を購入したほうがよいと思われます。また、災害援助に専念する部隊を作り、兵器を持たず災害援助に必要な訓練だけをするならば、その行動はより効率的になるでしょう。福島原発事故の際にあったような、戦車を持って行ったが結局使うことができなかったということも、なくなるでしょう。

そしてこのような災害援助隊を、海外の災害に際しても、はじめから武器を持つ自衛隊と区別して派遣すれば、受け入れ国も安心してそれに頼ることができます。さらに、国際情勢での緊張緩和の度合を窺いながら、現在の自衛隊の中から災害救助隊に移行する部分をしだいに大きくしていくということは、日本が世界の軍縮の主導権をとるという意味でも重要な変化の方向になります。国内的にも武器を持たず、殺人を任務とする訓練（それはしばしば体罰を含む）を受けない災害救助隊であれば、使命感を持った若者の応募者も増えるでしょう。

非軍事化の方向は、さらに広い領域でも考えられます。武器輸出三原則を廃止し、武器輸出によって経済的利益をあげようとする政策の変更もその一つです。元来武器の生産で利益をあげようとするのは、経済体制から見ても再生産に貢献することはないし、国際政治的にみても軍事紛争を助長するという点で、世界平和の妨げとなることは明らかです。

原発の輸出も同じような意味でやめることが望ましい。すでに一九六九年、外務省の非公開文書で原発が核武装の潜在力となることを認めているのだから、他国にその潜在力を与えることで利益をあげようというのは明らかに平和への方向と矛盾しています。福島原発事故でその危険性を体験し、核廃棄物の処理の見通しも立てられていない日本が、他国に原発を輸出するというのは、どう考えても良心的な行為とはいえません。

本来ならこれらの問題は、日本の外交の方針が明らかにされ、平和に向けた外交政策の展開という文脈の中で考えられるべきものです。しかし現実には、日米安保条約という軍事同盟にしばられて、独自の外交方針を明らかにしない傾向が強い。そして何よりもその軍事同盟の問題が、集団的自衛権行使という形で、実質的には米軍の指揮下で武力行使をすることにもなります。その上、全国の基地の四分の三を沖縄県に集中させ、普天間基地移転の名の下、辺野古に新しい基地を作ろうとしていることに対する沖縄の反対世論は、最近の県知事選挙および総選挙の結果にも明らかなところです。基地周辺での事故や犯罪などの被害は、軍事化の明らかな犠牲として、もはや我慢できない状態になっている。これを解決するためには、基地を減らし、なくす方向で解決するしかありません。それがやがて、軍事同盟としての安保条約にかえて、両国が協力して世界の平和に貢献するための日米平和友好条約となってゆく方向で外交を展開する必要があります。そのためには、政治に対する圧力が不可欠なのです。

以上、何を減らし、何をなくすべきかという面から非軍事化の方向を明らかにしましたが、次により積極的な面から世界の平和に貢献する方向を考えてみましょう。直ちに目につくのは、国際的な平和貢献のためのＮＧＯの活動です。非人道的武器の禁止をはじめとして、医療、人権擁護、貧困撲滅、武装解除等々、様々な領域で日本のＮＧＯあるいは日本人が、国際的に活動しています。その際に注目すべき点は、日本が憲法９条を持ち、海外で武力行使をしたことがないという実績が、日本人の国際的信用を大きくし、国際的な活動をしやすくしてきたという点です。想起されるのは、先述のようにアフガニスタンで農業援助など目覚ましい活動を続けてきたペシャワール会が、使用している車に日の丸をつけているのが安全を守る手段であったのが、米国のアフガニスタンでの戦争にインド洋での給油などによって日本が支援するようになってからは、車の外の印を消すことにしたという事例です。日本のＮＧＯが世界での平和促進の活動をしやすくするためにも、日本が軍事化の道を歩む（同盟関係による援助であるにしても）ことをやめる必要があります。

ここで世界に目を転じ、近年の国際情勢の中での日本の位置を考えてみましょう。冷戦終結後の世界でも決して戦争はなくなることにはなりませんでした。アメリカ主導による世界の秩序（パクス・アメリカーナ）への反対は、二〇〇一年九月一一日に、爆発的表現を示しました。その後の米国による対テロ戦争は、オサマ・ビン・ラディンの暗殺によって終わったわけではありません。今日に至るまで、アフガニスタンおよびイラクでは、泥沼に入った形で武力紛争が続いています。

このような世界の情勢の中で、日本の保守勢力は、これまでの政策は「一国平和主義」であったと批判し、安倍首相は「積極的平和主義」の名の下、同盟国アメリカの下で広く世界で武力行使をする方向に進もうとしています。戦後七〇年近くの間、日本の軍事力が海外で一人も殺さなかったことは、誇るべき遺産です。「一国平和主義」などと言って批判されるべき理由はありません。非難されるべきなのは、朝鮮戦争やヴェトナム戦争で、日本は安保体制の下で基地を提供し、軍需品の生産修理などで協力して利益をあげた点にあります。そしてこのような形で戦争に協力しながら、加害の面について十分意識することがなかった点が問題なのです。

こうした過去の誤りから学ぶとすれば、米国との同盟関係によって海外で武力行使をするということにはならないはずです。この誤りの反省から将来進むべき方向は、どのような名目によろうとも武力行使に関わることなく、紛争原因の除去に際し武力を使わない方向を探求すべきだということになります。実は、このような武力によらない平和構築への方向は、これまで日本国内で憲法9条を守ろうという世論によって支えられてきた面があります。イラク特措法によって自衛隊をイラクに派遣するところまでは行ったが、武力行使をしなかったというのは、そのような世論の圧力によったたといえます。このような世論を支えた努力の積み重ねは、その方向で力を持続すれば、武力による紛争解決の必要性、すなわちいわゆる抑止力強化の必要性を意識しないですむ方向に国内、国際対話を動かしていくことに役立ちます。この方向が強められれば、国際的な脅威に対処するために軍事力を強化しようとする政策が改められ、そういった軍縮が国際緊張をゆるめるという好循環も期待できます。

国内政治と国際政治の関係について市民の運動の果たす役割を別の面からみてみましょう。市民の自発的運動が、非暴力的手段で国内政治の非軍事化に影響を及ぼすという経験が重ねられれば、国際関係においても――仮に軍事的脅威が大きくなり、国境をこえてその脅威が迫ってきても――、非暴力手段（非暴力直接運動や不服従）によって抵抗する可能性について自信を強めてゆくことになります。これにはマハトマ・ガンディの非暴力不服従の運動以外に例がないので実際にやってみるよりほかはありません。しかしニューヨークのウォールストリート占拠や日本の官邸前抗議行動のように、非暴力の運動の蓄積があるので、それを生かして実践によって自信をつけるしかありません。

主権国家の中で、軍隊や警察という正当化された暴力に対して、非暴力主義の原理で対応しながら、政府の政策に影響を及ぼす経験が重ねられれば、外からの軍隊による脅威にも、同じように対処できる自信が生まれてきます。さらに国境や国籍の違いをこえた人的交流が多くなっている今日の状況下で、積極的対話によって排外主義的憎悪を克服して協力と共生の方向を見出す経験を重ねることもできます。このような経験の蓄積による自信の増大に比例して軍事力を小さくしていけば、軍縮は決して自主性を失う弱腰を意味しなくなります。この方向で努力が重ねられれば、米国の「核の傘」に守られなければ不安だという考え方からも、自由になれます。このようにして自主的な立場から、武力に頼らない防衛という可能性も開けていくのではないでしょうか。

これは遠い将来の課題かもしれませんが、その方向を考える場合に草の根のレベルから一貫して考えられるべき基礎的な条件についてくりかえしておきましょう。それは、人間の間の活発な交流によって、憎しみと敵対の関係を対話と共生の関係に変えることです。この変化が、小さな地域社会から国家的規模に及び、さらに国境をこえて広がるならば、武力によらない平和構築の展開も開けてくるでしょう。

日本国憲法前文には「われらは、全世界の国民が、ひとしく恐怖と欠乏から免れ、平和のうちに生存する権利を有することを確認する」と記されています。この平和的生存権を世界のすべての人に保証することをめざして、対話と共生への努力を重ねるのが、私たち主権者の責任ではないでしょうか。

人間の生命を脅かす武力による紛争解決を廃し、対話による平和構築をめざすことによって、日本国憲法の平和主義を守ろうとする私たちは、軍縮の先頭に立ち世界を主導する役割を果すことも可能となるのです。

普通の生活者として政治とどう向き合うか

ふたたび二〇一四年末の選挙の情勢を見た上で、普通の生活者として政治とどう付き合っていくかについて、もう一度政治の本質まで立ち帰って考えてみることにしよう。

私がそのようなことを考えるようになった理由を簡単に説明すると、それは最近の危機感と私自身の活動能力の低下に伴う悩みに由来しています。危機感とは、これまでに再三述べてきたことですが、最近の右傾化・軍国化の動向が、昭和の初めの——つまり、最終的には一九四五年の敗戦に帰結する、中国への武力行使へと向かった時期の動向を思い起こさせたことを指しています。

これに対して私の活動能力の低下とは、言うまでもなく、九〇歳を過ぎてから特に活動する力が低下し、デモなどに参加できないだけでなく、各種の集会にさえも出られなくなった状況を指しています。考えてみるとこの状況は、体力的な問題ばかりでなく、時間的な問題としてこの種の活動ができない現役世代の人たちの悩みと共通するところがあるかと思います。そこで、忙しくて市民活動になんて参加できないという人たちの身になって、改めて危機的状況にあるともいえる今日の政治とどう付き合っていくべきかを考えてみましょう。

まずはもう一度、危機的状況は、必ずしも多くの人たちに気づかれないうちに進行したという過去の経験からの教訓について触れておきたいと思います。昭和の初期においても、危機を感じていた人は必ずしも多くはありませんでした。モボ・モガと呼ばれる若者たちが銀座の町を歩いていた光景からは、危機を感ずる人は多くなかった。ただ一部には、「軍閥支配に反対」という声はありました。しかし危機を危機と感じる人が少なかった、そのこと自体が危機であったというべきでしょう。そして多くの人たちが不自由に感じるようになった時には、すでに戦争は拡大し、後戻りができない状態になっていたのです。つまり、いつの間にか「ゆで蛙」になってしまっていたわけです。

もう一度政治の本質に関わることに触れておきますと、政治という現象、言い換えれば国家権力（政府）による支配は、国民が気付かなくても、すべての生活の範囲に及び、主権者であるはずの国民が、権力支配の網の目にとらえられているということです。実際に投票した人が有権者の半数くらいにすぎず、その中のさらに半数以下の人の支持（つまり有権者の四分の一以下の支持で）多数党となった与党の下で行われる支配に、その支持者の四倍の人たち、あるいは支持した人たちに期待されたのとも違うかもしれない形での支配が、及ぶことになるのです。

その支配の中身は、毎日食事をするための買い物にどれくらいの税をかけられるかということから、どれだけ自由に表現されたメディアに接することができるか、別の言い方をすれば、気がつかないうちに政治権力によって操作された言論にどのような形で影響されているか、さらには政府が海外での武力行使を認めれば、それに対してどのような報復が行われ、それは日本国内でもテロへの危険を引き起こすことなど、文字通り日常生活のすべてに及びます。

政治のほうが、このようにすべての人を逃げることのできない形で取り込んでいるのに対して、国民の側はそのことに気づかないでおり、そして何よりも、政治のもたらした毎日の生活に対する深刻な影響が、自分たちの政治に対する態度が招いた結果であるということに気づいていない点が、もっとも重大な問題なのです。そしてどのようにしてこのような政治的態度が生まれるのかを検討してみる必要があります。

まず、投票行動について、棄権者と投票者に分けてそれぞれの中での典型的な政治的態度についてみてみましょう。

棄権者の中には、冷笑型・懐疑型・傍観（無関心）型などの類型が考えられます。冷笑型とは、どうせ政治家などというものはいかがわしい人たちで、その連中がやっている政治など汚いものだから、そんなものには関係するのも嫌だという態度です。懐疑型というのは、冷笑型ほど拒否感は強くありませんが、どうせ連中のやることが自分の一票によって変わることなどあり得ないという考えの人たちです。傍観（無関心）型は、政治は他人事だとする者、毎日の生活に忙しくて、およそ政治などというものについて考える暇もない、放っておいてくれという態度です。

他方で、投票する人たちの中にもいろいろな政治的態度の人が考えられます。依存型とも言うべきものは、多かれ少なかれ権力に依存しようとする人たちで、棄権者の中の傍観型にも近い、何となく大勢に順応しようとする人たちから、誰かに依頼されたから投票するという人、あるいはもっと積極的に、自分たちに利益を与えてくれる人に投票するというタイプの人もいます。支持型というのは、さらに積極的に候補者を支持する態度を示す人たちですが、その場合にも、候補者個人を支持する人から、政策を支持する人まで多様です。また、同じように特定の政策を支持することによって候補者や政党を選ぶ場合にも、ふたつの型があると思われます。第一のものは法人税減税のような特殊な集団の利益を対象とした政策を支持する型です。特殊的(利益のための)政策支持型といってもよいでしょう。第二のものは人権・平和の実現というような、だれもが人間らしく生きられる社会をめざす政策を支持する型です。これを普遍的（利益のための）政策支持型と呼んでおきましょう。本書の読者はおそらくほとんどがこの最後の類型に属する方たちだと思うので、以下その立場を中心に考えていきます。

全体の有権者の中でかなり少数だと思われるこの普遍的政策支持型に属する人々の課題とは何でしょうか。その一つは、この型に属する人たちが少数であるのと同じように、この型の人が支持できる政党あるいは候補者が少ないため、これをどのように育てるかの課題です。もう一つは、他の型に属する人たちが政治に利用され、政権に動かされているのに対し、この人たちを普遍的政策支持型に変えることによって政治を動かす側にするという課題です。

第一の課題については、すでに市民運動やＮＰＯ活動に関連して論じました。要するに、自主的な人たちの集団が自発的結社を民主的に運営する中で、有能な指導者を生み出し、影響力を拡大していく持続的な努力が必要であるということです。

第二の課題については、対話の努力によって、政治に動かされる人たちに、その現実を認め、政治を動かす普遍的政策支持型に移行するように働きかけるということになります。そのためには、無意識のうちに政権に動かされていることを意識した上で、想像力の範囲を時間的空間的に拡大できるように援助することです。想像力の時間的拡大とは、当面の短期的利益だけを考えるのではなく、歴史からさかのぼって何を学ぶかという態度をとり、将来にむけても次世代あるいはさらにその後の世代までのことを考えるということです。空間的想像力は、地域の草の根から主権国家の政策、さらにはアジアという地域を考え、世界の運命にまで考えを及ぼす視野を持つことです。これは当然、日本文化という枠内だけで考えるのではなく、異なった文化（例えばイスラム）との対話も考えることを意味します。もちろん、排外主義によって憎悪の対象となった人たちとの対話は重要です。この対話によって、感情をかりたてる言葉ではなく、思考発展の道具としての言葉を見出すことには特別の重要性があります。このような異質の要素を持った他者との対話の必要性は、実は普遍的政策支持型の人たちにとっても、自分の持っている考え方がより普遍主義的になるように反省するために常に必要な過程なのです。

さて、このような課題が明確になったところで、私のように活動能力に限界がある者は、どのようにその課題を果たしていけばよいでしょうか。大きな集会に出たり、デモに参加したりすることはできません。しかし、限られた範囲の人と、徹底的な対話を持つことは可能です。とすれば、憎しみの連鎖による排外的国家主義を、対話によって共感と共生の連鎖に変えること――一人との対話による共感と共生が、幸福の手紙のように対話の連鎖をなして、そのつながりを拡大していくことに期待するほかはありません。

忍耐を要する仕事です。しかし、持続が力を生むことを信じたいと思います。

石田 雄（いしだ・たけし） 東京大学名誉教授。１９２３年生まれ。「学徒出陣」から復員後、丸山眞男ゼミに参加し、１９４９年東京大学法学部卒業。東京大学社会科学研究所教授、同所長、千葉大学教授、八千代国際大学教授を歴任。その間、ハーバード大学、エル・コレヒオ・デ・メヒコ（メキシコ）、オックスフォード大学、ダル・エス・サラーム大学（タンザニア）、ベルリン自由大学などで研究・教育にあたる。著書『明治政治思想史研究』（未来社）『現代組織論』『平和の政治学』（以上、岩波書店）『日本の政治文化』『日本の社会科学』『社会科学再考』『日本の政治と言葉』（上下、毎日出版文化賞受賞、以上、東京大学出版会）『丸山眞男との対話』（みすず書房）『安保と原発』（唯学書房）ほか

ふたたびの〈戦前〉
——軍隊体験者の反省とこれから

2015年3月25日　第1刷発行

著者　石田 雄
発行者　辻 一三
発行所　株式会社青灯社
東京都新宿区新宿 1－4－13
郵便番号 160－0022
電話 03－5368－6923（編集）
03－5368－6550（販売）
URL http://www.seitosha-p.co.jp
振替　00120－8－260856
印刷・製本　株式会社シナノ

Printed in Japan
ISBN978－4－86228－078－7 C0031

小社ロゴは、田中恭吉「ろうそく」（和歌山県立近代美術館所蔵）をもとに、菊地信義氏が作成

●青灯社の本

『自分で考える集団的自衛権　――若者と国家』
柳澤協二　定価 1400 円＋税
現場を知る第一人者、元防衛官僚が日本の若者たちへおくる、自ら考えるための安全保障論。抑止力とは何か。いま米中が戦えば日本はどうなるか。そして守るべき「ジャパン・ブランド」の国際協力とは。

『普天間移設　日米の深層』
琉球新報「日米廻り舞台」取材班　定価 1400 円＋税
県外・海外移設を可能と考えるアメリカの専門家・元高官たちと、辺野古に固執する日本政府。全国紙が伝えなかった問題の深層を総力取材で明らかにし、大反響を呼んだ「琉球新報」連載の書籍化。

『９条がつくる脱アメリカ型国家――財界リーダーの提言』
品川正治　定価 1500 円＋税
いまや政権と財界は、アメリカと一体となって日本を戦争の出来る国にしようとしている。自ら戦争を体験し、経済界の第一線に立った者だからこそ見える、現状の危うさと二十一世紀の日本の展望を語る。

『遺言　――「財界の良心」から反骨のジャーナリストへ』
品川正治・斎藤貴男　定価 1800 円＋税
原発、海外派兵、TPP、マスコミの堕落――。いま日本は重大な岐路に立たされている。アメリカ一辺倒の目から脱却し、人間の顔をした資本主義の「もう一つの日本」をめざす、渾身の対話。